文芸社セレクション

# 人生に挑戦　人生を自分のものに

## 生きる力の方程式

川内 清隆



文芸社

# 目次

第一章　人生に挑戦……23

## 第二章 自分の人生設計つくり

# はじめに

人生を動かす、お金、時間、仲間、場所、物、体力、知力、欲望という「八つのチカラ」に先ず気付いて欲しいのです。

戦後の食糧のない時代に母親と一緒に新潟の親戚からお米の買い出しに行った時のこと、突然警察官が列車に乗り込んで乗客の荷物を車窓から外に放り出し、私はそれを見てお米を入れた私の小さなリュックサックが奪われやしないかと座席の下に隠し震えながらも何とか守ることができましたが、そのようなことを今でも思い出します。

あの頃の食糧難と貧しさと混乱した世の中を、兄姉5人の家族はよく生きてこられたものだと思いますが、父は心臓弁膜症であったために母と長男は目黒の行人坂で蒸かし芋を売るという厳しい貧しい生活をしていました。

その様な環境から私は、文字を教えてもらうこともなく計算も出来ないままに、近所の小母さんに連れられて小学校に入学するという状況でした。

ところがほとんどの同級生が文字も書け計算が出来ていることに驚いてしまい、そのショックから復習と予習を繰り返して6ケ月もするとクラス一番になっていましたが、高学年になると熱意のある師範学校出のバレーボール選手であった担任松沢教師が家庭事情を知っていたことから、放課後には野球、相撲、ドッチボール、バレーボールをして六時過ぎまで一緒に遊んでいただき、勉強についても毎日の復習や予習のポイントを教えていただきましたし、昼休みになると松沢先生がオルガンを弾きボーイソプラノであった私は唱歌を歌って楽しく過ごさせていただき、貧しさの中であったのですが恵まれた楽しい小学校生活を送ることが出来ました。

中学校では日頃クラシック音楽に触れることもなかったのですが、芸大出身の音楽担当の担任手島教師が昼休みを利用して、バッハから始まりショパンやモーツァルトやベートーベンの曲を大きなレコードを載せた蓄音機を持ち込んで聴かせていただき、クラシックの旋律を聴きながら描かれている世界や状況とかを感じたままに各人が発表し合いその上で先生からその曲の背景が解説されるという、素晴らしいクラシック音楽の世界を学び学年末では短い曲を作曲するまでになり、私にとってはそれは充実した心豊かな中学生活を送ることができました。

そのことは今日の自分の血となり肉となっていて、このような貴重な情操教育をしていただいたお陰で、今ではサントリーホールや上野の東京文化会館ホールで、妻昌子とＮ響や読売交響楽団や深沢亮子さんのピアノリサイタルを聴いてクラシックの世界を楽しませていただいています。

都立青山高校に合格し都立目黒高校に転入し卒業して、明治大学の特待生に選抜され最高学府での個の教育を受けリコーに入社し、27歳で結婚し２人の子供に恵まれその３年目に３ケ月半の１人旅の米国市場調査に抜擢され米国の広さや世界最先端の技術と経済の世界を学び、国内販売で高速ファクシミリのトップシェアの獲得の販売支援をし、その3年後に5年間の米国ＮＪでの駐在生活を４人家族で過ごし、超高速ファクシミリの全米の直販代販の販売網を築きました。

帰国後にマッキンゼーのＭＢＩビジネススクールを修了して営業部長兼東京開発センター所長を務めていましたが、長男広喜がＮＹ大学映像学科に留学するとのことから25年間のサラリーマン生活に終止付を打ち45歳で独立して、中国が台頭する機会に上海工場で電卓の開発生産をして大手量販店ダイエーやジャスコやイトーヨーカドーで中国製の電卓を年間３５０万台を出荷するオーロラ社を13年間経営しました。

為替相場が急変し78円／$から１３０円／$という円安に向かい、採算を考えて譲渡を決意して59歳より特許庁の２年間に亘る特許実務研修を修了し、特許コンサルタントの称号を取得し３年間ＪＡＸＡで特許コンサルタントを務めて特許出願コストの削減に貢献し、中小企業の特許経営や特許活用によるＩＰＯの支援や特許活用経営の支援活動をして今日に至っています。

このように瓦礫と化した何もない世界から生きること、食べること、着ること、学ぶこと、努力すること、体を鍛えることを学び育ってきましたが、生まれや境遇は人生の出発点ですが、何もない世界からお金、時間、仲間、場所、物、体力、知力、欲望という世の中のあらゆるものがこの「八つのチカラ」で成り立っているのだと発見したのです。

この「八つのチカラ」を意識し考えて自分が持っているチカラを育て目標を

設定し計画し努力し行動することで「人生は自分のものにある」という自分の人生を考え努力を重ねることが大切なことなのだと思っています。

　このような人生を送ってきた中で妻の温かい支援もあり、素直に生活に仕事に生きがいと満足度を求めて努力を重ねてきました。

　現在油絵を描き小説を書き、テレビ番組制作の（株）オフィスラピカの会長として経営を支え、妻はビーズフラワーの趣味とジャズダンスを続け夫婦そろって自分の世界を持った豊かな健康な人生を過ごしています。

世界はファクシミリからインターネットへそして先進のデジタル化が進みＩＴやＩｏＴ技術が普及しＤＸ時代に突入しＧＡＦＡＭ（Ｇｏｏｇｌｅ、Ａｍａｚｏｎ、Ｆａｃｅｂｏｏｋ、Ａｐｐｌｅ、Ｍｉｃｒｏｓｏｆｔ。）が登場し、２０２１年２月にはこの５社で時価総額が８２０兆円とし東京上場市場３７００社の６９５兆円を凌ぐものになっています。

　新型コロナ感染によって世界規模のパンデミックが起こり、米国のファイザー社と新興モデルナ社が早期にワクチンを開発し、世の中はソーシャルディスタンスの３密、マスク、手洗い消毒が不可欠な異質な時代へと突入し新型コロナ感染の中で巣籠もり生活が始まり空間的ビジネスを志向するGAFAMは巣籠もり世界の中で富を独り占めにしていますが、コロナ後日本はDX（デジタルトランスフォーメーション）や核融合技術や量子コンピュータや半導体製造装置や水素ガス燃料技術や超電導リニア技術という、先端技術の異次元な先進技術事業へ変革が進むことを期待しています。

突如としてロシアが隣国ウクライナを侵略する暴挙が起こり、中国は台湾を北朝鮮はミサイル威嚇という動きを見せ激変と混沌の時代に突き進む状況の中で、欧米と日本がどの様に挑み世界平和を勝ち取っていくかが今後期待されています。

私たちは、お金、時間、仲間、場所、物、体力、知力、欲望の「八つのチカラ」を意識し考え、如何に自己を育て「自分の人生は自分のためにある」と気付いて学習し努力し、どんなことが起きようとも自分なりに生きていき自らを逞しく育てていくという生き方が必要になってきているのです。

２０２０年１月から新型コロナ感染が世界を覆い、その上でウクライナ侵略戦争が勃発し長期にわたる食料や燃料の高騰で世界的インフレが起こり世界の経済が混乱に陥り、世界の中での日本の地位を築いた元首相安倍晋三氏が凶弾に倒れ異常事態に直面しましたが、私たちは、お金、時間、仲間、場所、物、体力、知力、欲望の「八つのチカラ」を意識し考え自分の人生の目標を定め努力と行動に結び付けていく「個の強い人材つくり」が必要になっています。

新型コロナに出会い今までにない空間を意識する生活を送り今までに味わったことのない生活や仕事の在り方に直面しましたが、「八つのチカラ」の思考を活用することでより自分らしい自分を活かした生きがいのある満足度を満たす生き方や働き方が期待されているのです。

# プロローグ1　日本で世界で「生きる」

日本という国は日本海と太平洋に囲まれ、四つのプレートである北米、ユーラシア、太平洋、フィリピンプレートの重なる上にあり、列島の中央を横断する険しい火山の山脈がある島国国家で人の住める台地は山と海岸の間に位置していることから、大雨や自然災害や地震や津波や異常気象が多発する変化のある自然と共生しながら成り立っている国土で、その災害の度に復興の弛まない努力を重ねてきた歴史がありこの自然との闘いは宿命的に永遠に続きます。

祖先の方々の苦難の厳しい生きることへの大変なご努力には感謝しますが、最近では宇宙開発や衛星技術や海底探査技術やＤＸ技術によって災害の危険を手にとるように理解できるようになり災害対策や復興工事が科学的に迅速に対応できるようになりました。

東日本大震災での福島の復興の姿を見ると土木技術や建築技術のすさまじい発展を感じますが、私たちの大自然との闘いや災害復興への取り組みは今後ともその挑戦を続けていかなければならない宿命を持っています。

縄文の温和な助け合う文化から、銃を持った侵略者から守ることから戦国時代を迎え封建制度へと移り、航海時代を迎えて開国を果たし明治政府の近代国家つくりへと移行し、その後第二次世界大戦に挑み敗戦を迎え国土は廃墟と化し民主主義国家が誕生しましたが、それまでの封建的な遺産がかなり残ったままに少しずつ欧米の文化が取り入れられてきました。

私たち日本人は、読み書きそろばんや物を大切にして品質や先進技術や高度な医療に弛まない努力を重ね、規律や礼節やきれい好きという美意識を大切にし、前世・現世・来世の輪廻感や仏教や禅宗や神道という宗教感を自分なりに持って生活をするという、地道な勤勉さを持って豊かな社会的基盤を築きながらその上で過ごし今日に至っています。

ただ個々人を見ますと、自分を見つめ己の人生を考えるということよりも、世間を意識し滅私奉公や年功序列の流れに沿って生活や仕事に取り組むという慣習が色濃く残っています。

この度のコロナ感染やウクライナ侵略という出来事は、私たち日本人にとって物事を理解する上で大きなエポック的な転換時期を与えられたようです。

コロナ感染の発生時期では消毒液もない、マスクもない、どうすれば生きられるのかという恐怖心に襲われてしまいましたし、ロシアによるウクライナ侵略によって日本も北海道が侵略されるかもしれない、中国が沖縄を侵略するのではという幻想までが浮かびました。

コロナの七波後に至りCDC疾病対策センターが日本にも設立されるようで今後のパンデミックに備える方向が打ち出されていますし、2023年のG7国際会議が開かれウクライナ支援への強固な採択がされ、日本国民は漠とした世界の中から日本の抑止力と迎撃力による日本を守り戦うことを世界に宣言しました。

コロナとウクライナ侵略によって起こった混沌とした世界から這い上がり、私たち日本人はやっと目が覚め欧米と共有し日本の生きる道を探り当てました。

その道は険しいものとなりそうですが私たち日本人はその正しい道を歩んで行くことに躊躇せず日本のあるべき道を歩むことと信じています。

# プロローグ２　「人生の勝利者」になる

日本は長寿の国と言われていますが、年齢にも寿命年齢と健康年齢とがあり、高齢に備えての毎日の運動や歩行をして何とか血液や骨や筋肉を維持増進することが必要ですし、若い段階で年金プラス老後資金を少しでも稼いでおくという備えをして、誰もが迎える高齢生活に備えて健康な少しでも豊かな１００年人生に挑戦することが期待されています。

現実にはお年寄りの方の姿を拝見していて殆どの人たちが杖を持って歩いていたり腰を曲げて歩かれている方が多いことに驚きますし、多くの高齢者の方の買い物の様子を見ていても大変そうだなと思うのです。

きっといろいろな事情から「人生は自分のものである」ことに気付くことなく時代の流れに沿って過ごしてこられ、限られた年金で切り詰めた生活をして身体を労わることもなく運動をすることもないままに身体の何処かが悪くなってしまい、腰を曲げて歩かれたり杖を使われたりして歩かれていますし、お金の備えも十分に出来ずに過ごされているようです。

私たちの人生は、お金、時間、仲間、場所、物、体力、知力、欲望という「八つのチカラ」の組み合わせで成り立っていますが、それらを活かして生活や仕事や人生がかたち作られていますが、生活や仕事や人生の目標を立て計画し努力を重ねて、「人生は自分のためにある」という自らの人生設計を考えて努力を重ねることが望まれます。

高齢になっても健康な明るい豊かな生活を過ごすには若い頃から毎日のストレッチやスクワットや歩行運動を習慣化し、知力の備えとして学習を続け、ゆとりある老後のためのお金の備えをして生きがいや満足度を満たす生活や仕事に向けて努力を重ね、お金や体力や知力という高齢への備えをして豊かに楽しい老後の生活が出来る、「人生は自分のためにある」ことを実現していかれることを望んでいます。

このように人生を生まれから健康寿命までを俯瞰して人生設計を描き「八つのチカラ」を育て人生を描き逞しく生きていくことが出来ればと思いますし、「人生は自分のためにある」と自覚し自らが自分の人生を考え生きがいのある人生を実現することであり、「八つのチカラ」を考え元気に生きていくために、体力の維持増進の運動や豊かに健康に過ごすための趣味や知力を育む学習リテラシーを持って人生に挑戦されることを願っています。

これまでに自分の人生を意識し、自分の生きがいは何なのか、また自分の満足度を考えたり、どのようにして生きていけば自分の願った生活や仕事が得られるのか、それらの実現のために何を成すべきなのかを考える機会がないままに過ごされてきた方が多く、お金、時間、仲間、場所、物、体力、知力、欲望の「八つのチカラ」を意識し考え、自分の「八つのチカラ」を把握され生活や仕事の目標を設定し計画を作り努力と行動を起こすかが重要なことなのです。

生きる力の「八つのチカラ」を捉え学び育て努力することで自分の将来像が見えてくるようになり、人生の目標を設定し計画し努力を重ねれば、何が起ころうとも自分で判断し自分で決断し生活や仕事を自分なりにコントロールし、自分の生きがいや満足度を満たす人生を過ごすことが出来るようになります。

欧米人は狩猟民族から立ち上がっていて、各自が夢を持ち学び努力をすることが人生だとする人間学を身に付けていて、自力で自分の人生を切り拓く能力を持ち逞しく生きていく方が多くいますが、私たちは自分よりも仲間や会社を守ることで過ごしてきて、「八つのチカラ」からなる自分の存在を考える方が少ないのが現実です。

若い年齢の内に「八つのチカラ」を意識し考えることで自分の存在を知り、自分は何者なのか、自分の夢は何なのか、その実現のために「八つのチカラ」をどのように育て学習し人生の目標を作り計画しどの様な努力をすべきなのかを考える人材に育て欲しいのです。

このような生き方や考え方を持っていれば、１００年人生時代を迎えて、若い頃から自分に合った体操や歩行運動やストレッチやスクワットなどの健康を維持するリテラシーを持ち、将来どのような生活や仕事に就くべきか、そのためにはどのような学習をするべきなのか、高齢に備えとしての年金＋お金を稼いでおくという目標や計画を持つことが大切になっています。

この生きる力の「八つのチカラ」を各人各様で育て学び努力を重ねていけば、高齢になっても健康で豊かな幸せな生活を手に入れることが可能となる人生を自分で考え、自分の人生つくりに挑戦することを期待しています。

# 第一章　人生に挑戦

# 1　人生は自分のためにある

誰もが早い段階で「人生は自分のためにある」と気が付くことによって自分の人生に「八つのチカラ」を活かし、どのように生きていくかを自らが知り人生の目標や計画を描き出して人生設計を描き上げ学び努力し実行することで、生きがいや満足度のある充実した人生を手にされることが期待されています。

戦時中や終戦後での家族の1人1人が一致団結して各自が自分の持ち場を守り、母と兄和雄は街の路上でお芋を蒸かして売ったりして生計を立てていましたが、私を除いては5人兄妹の皆が中学を出ると仕事に就き何の躊躇もなく家計を支援し、麦飯と粗末なおかずであっても楽しくお行儀よく美味しくいただいていました。

その時はほとんどの人は将来が必ず明るい未来や生活がやって来るのだと信じていて、毎日を頑張り他人を思いやり隣近所とお付き合いし労わり合い、おかずなどを差し上げ合ったりして街そのものが和気あいあいとした世界に包まれていました。

経済成長とともに核家族化が進み隣近所との関係も薄らぎ、誰もが仕事で忙しく仕事を中心とした関係が色濃くなり、年功序列と滅私奉公な仕事への姿勢が強い中で日本は高度成長を遂げました。

ほとんどの人たちは自分という存在に気付くこともなく、自分の「人生は自分のためにある」ことさえも気付かずに、ただ一生懸命に働き家族の面倒を見ることに頑張っていたのです。

そのため今日のような高齢のご夫婦が生活をするのにぎりぎりの年金と少しの貯えで生活をして、買い物も十分にできず節約し生活するしかないという状況です。

もし若い段階で「人生は自分のものにある」ということに少しでも気付き、自分の生きがいや自分の満足度を少しでも描き出し自分の人生設計を考えていれば、若い内に老後のために出来る限りに稼いでおくことを考え努力していれば、高齢者になって不自由な生活に至ることは少しは避けられたのではと思うのです。

私の家族は戦争で家や財産も失ってしまい、父が弁膜症で働けずにどん底の生活を這いつくばって生き抜いてきましたが、生まれや境遇の良い方々は当然いる訳で、そのような方は富裕層としてそれなりの生活をされていますが、世の中はいろいろと変化していきますのでそのような方たちでも「人生とは自分のもの」であるということを自覚され自分の人生設計を意識し考え目標を持ち節約や努力をして生活や仕事に真剣に取り組むことが必要な時代になっています。

誰もがお金、時間、仲間、場所、物、体力、知力、欲望という「八つのチカラ」を持っていることに気付いていただき、人生は「自分のものである」と意識し考え、「八つのチカラ」を育て目標に向け努力する習慣を続け、どのような生活や仕事をして人生を過ごしていきたいのか、体力維持増進のための運動リテラシーを自分のものにし実行していくのか、「人生は自分のためにある」ことを自覚して自分の人生設計を如何に自分のものとして作るかが大切なことです。

ただ若い内に人生設計を描く中で、老後には不足してしまうお金や老化してしまう体力や知力の備えをすることを目標や計画に織り込んで努力と行動を起こすことを忘れないでください。

このように「八つのチカラ」による理想とする生き方「生きる力の方程式」を意識し考えていく習慣を身に付け、「人生は自分のためにある」ということに気付いて自分の生活や仕事を人生設計シートに描き出し、目標と計画を作り努力し実行していくことによって自分の生きがいや満足度を持った人生を手にすることが出来るようになる筈です。

## 2　「八つのチカラ」による生き方を描く

生まれた家や親や家族や環境や境遇は人それぞれに異なっていますので、そのことに気付いた時こそが生きる力の出発点で、その時に感情を抜いて真剣に考え深刻になることなく自分を意識し、将来の自分自身の生き方や生活や仕事についてのあり方を考えていく習慣を身に付け、自分の生きがいや自分の満足度をしっかりと摑むことが先ず大切です。

ただここに来てコロナやウクライナ侵攻やデジタル化の動きやＳＤＧｓ社会に直面し、世の中の動きが急変し何か混沌としていることから、そのような世の中の変化を読み取るために、１意味情報を摑む力、２自分の尺度を持つ力、３主体的価値観を持つ力、４自己革新をして行く基本的な思考手法を自分のものにされて自分の持っている「八つのチカラ」を育てながら、自分の「生きる力の方程式」を作り上げ努力と実行をされることを願っています。

自分はどの様な人間なのか、自分はどのようにして生きていきたいのか、自分としての生きがいは何なのか、自分としての満足度は何なのか、自分が生きていく上での生き方や考え方や自分の生活と仕事は、それらを包含した自分が取り組む人生を物語にして描き出すことです。

この物語を目標として掲げ、計画し学習し努力を重ね真剣に実行することを自分自身に宣言することです。

そのようなことを考える時に、１自分自身で状況を観察する（観察）、２自分の周りのいろいろな変化を見る（看）、３分析し鑑定する（鑑）、４気付いたことを関係や関連性を見出す（関）、5その上で世の中の流れを感性で掴む（感）、6最後に物語として纏める（巻）という「第六感の思考プロセス」を活用することによって自分の生活や仕事に対しより見える化し何をやるべきなのかを見い出すことです。

このような思考プロセスを踏むことで「八つのチカラ」を自分の人生の中でより具体的に掴み活用し「生きる力の方程式」という人生の羅針盤を具体的に描くことです。

「生きる力の方程式」
自由な身の回りのあらゆる資源／（お金＋時間＋場所＋物＋体力＋仲間＋知力＋欲望）＊第六感プロセス＝人生の余裕係数

## 3 「八つのチカラ」の価値

お金、時間、場所、物、体力、知力、仲間、欲望という人間が持っている「八つのチカラ」の存在と価値を学ぶことが出来ることは幸せですが、小学校1年の担任松田先生からその基礎的なことを学び、小学校5年6年で担任の松沢先生に世の中の仕組みや日本の開国の歴史を学び、そのことで米国に渡ることを考えるようになり、中学に入ってその情熱がより強くなり、ホワイトハウスに手紙を出し米国大使館で面接を受け米国留学招聘の取得を得ましたが、2ケ月半に及ぶ母の大変な反対に遭い断念しました。

松沢先生は世界を学ばせるために私たちにいろいろな国を担当させて物産や経済事情やその国の歴史を発表し合い私はドミニカ共和国を担当し世界を広く学ぶようになりました。

昼休みは松沢先生のオルガンに合わせて、私はボーイソプラノでいろいろな唱歌を歌い昼時間を過ごさせていただき、音楽との親近感を持つようになりました。

中学2年と3年では芸大出身の手島先生よりクラシックの世界を学び、バッハ、ベートーベン、ショパン、モーツァルトのレコードを聴き感想を纏めてみたり短い曲を作曲してクラシックの世界の素晴らしさを味わわさせていただきました。

都立青山に合格するも都立目黒に移籍し英語の青木先生に英語の面白さを学び、トーマス・ハーディの小説を読み英語に親近感を持つようになり、後任の小池先生より文法や慣用句をやさしく学ばせていただき英語を得意の科目とすることになりましたし、3年の間柔道を学び3年生の時に他校との対抗戦に出場させていただき勝利しましたが、素晴らしい教師のご指導によって自分の歩む道を定めることができたことは感謝するばかりです。

大学は明治に入学し、たった1名の特待生試験に合格したことで小出廉治学長宅に呼ばれてお食事をいただき励ましのお言葉をいただきましたし、リコーに入社し3年後に1人旅の世界の事務機市場調査に選抜され3年後には高速ファクシミリの拡販と米国の販売網つくりのために家族と駐在し、当初15名の社員から5年後には3000名の社員を擁する企業に成長しました。

帰国後は電子デバイス事業の営業部長兼開発センター所長をして計測器や工場の自動化やゲーム機器の先進化に貢献し、その後1989年に独立して中国大陸で電卓を開発生産して日本で企画販売をして大型量販店ダイエーやジャスコ（イオン）やイトーヨーカドーで大量販売に成功して13年間経営し、年間350万台の出荷のオーロラ社へと成長させました。

急激な130円／$の円安を迎えたことでオーロラ社を譲渡し、特許庁の2年間特許実務研修を修了し特許コンサルタントの称号を取得してJAXAに3年間勤め、その後中小企業の特許経営指導をして現在テレビ番組制作を担当する（株）オフィスラピカの会長として経営に携わっています。

これまでの人生は自分とは何者なのだろうか、どのように生きていけば生きがいのある人生を掴むことが出来るのであろうか、変わりゆく世界に対峙して、生きる力の「八つのチカラ」を意識し考え人生を力強く生きることに努力を重ね、「八つのチカラ」を結集し目指すところの自分の生きがいへと繋げていくプロセスを考えて自分の人生物語として纏め上げ、自分ならではの生活や仕事を求め大切な仲間や縁を大切にして生きがいに繋がる趣味や研究や学習や体力つくりを継続的に実行するリテラシーをもって、「人生は自分のためにある」ということを自覚して努力を重ねています。

## 4　人生の選択

私たちはいろいろな時点でいろいろなことを判断し決断していかねばなりませんが、先ず「人生は自分のものである」と気付くことが大切で、その際に「八つのチカラ」の状況がどの様になっているのか、どのように成長しようとしているのか、将来の生活や仕事をどのようなカタチにしていこうとしているのか、どのような領域でどのような分野で活躍したいのか、その実現のためにどの様なコンテンツやビジネスモデルやプラットフォームを見える化し、目標や計画を作り努力を重ねることでより先の人生が見えてきます。

人生で備えることとは、体力と知力は何もせずに放って置けば高齢になるに従って衰えてしまいますので、体力のためには血液や骨や筋肉を維持増進するために歩行運動やスクワットやストレッチや栄養を摂る運動リテラシーを根気よく続けることですし、知力は趣味や勉強会や会合を通じて仲間との機会を増やし、学習や教養を高め知力リテラシーを強化する努力をすることですし、お金は高齢での年金生活だけでは不十分であり若い内に稼ぐ努力をして高齢に向けての生活の備えが大切になります。

今後職務をベースとしたジョブ型雇用に移行しますと質の高い仕事に就けばある程度の収入が稼げる時代になっていくことから、高齢に向けての備えに繋げられる仕事の環境が整ってくると思っています。

「八つのチカラ」の思考習慣を生活や仕事のテーマごとに人生設計シートを活用して、第六感思考プロセスを活用し、問題解決や対策を考え努力することは大切なことですが、若い内からこの人生設計シートで解決を見出し行動する習慣を付けていれば、あなたの人生への選択力や躍進力や活動力は何十倍のものとなり「人生は自分のものである」という生きがいと満足度を満たす幸せな人生を手にすることになると思います。

## 5　居場所作り

あなたの生まれや境遇や社会から受けた影響やこれまでに学習し努力し積み重ねた経験によって、自分の「八つのチカラ」がどう変化しているのかを整理し評価して改善すべき点があれば方策を立て努力をすることですが、自分の「八つのチカラ」がどのようなカタチとなっているのかや能力やスキルとして育っているかを把握され、自分の望む生活や仕事の目標や計画を立て努力と学習を重ねていく連続行為こそが自分の人生そのものになるのだと思っています。

学習内容や体験を整理し常に自分の立ち位置を明確化し将来の目標や計画を調整し、「八つのチカラ」の実情を認識し将来の生活や仕事を明確化しながら努力を重ね自己革新を図り能力や実力を備えることです。

生まれや境遇は選べません。深刻に捉えずに人生の原点として捉えていただき、より学習することによって能力や才能やスキルや体力や知力を高めることが出来ますので、生きがいや自分の将来の目標に挑戦する具体的な計画を考えて自分をより強くより大きく成長することへと繋げることです。

殆どの人たちは、高齢に向けての継続的な運動や学習やお金の確保に無頓着で、血液や骨や筋肉に繋がる体力や学び続ける知力や老後に必要とするお金は何等かの維持増進させる習慣と歯を食いしばるような努力を重ねるリテラシーを繰り返ししなければ、衰えたり弱体化したりしますので、自分なりにジムに行ったり、会合や勉強会に参加して世の中の動きを学び、若い内に老後の資金の備えが必要ですし、毎日の生活の中で体力と知力とお金を強化するプログラムやリテラシーを組み込む努力と工夫をされることをお勧めします。

成長過程での小中高大学では仲間との触れ合いや先生の指導によって人格や学習や将来の進路に影響を受けますし、学友や趣味の仲間や先輩の指導の影響を受けて感性や感情や好奇心や意志力が変化しますので、その過程で如何に興味を湧き立たせ、努力を重ねる逞しさが将来の自分の人生目標を大きく豊かに描くことへと繋がるのです。

世界の動きがコロナやウクライナ侵略によって世の中の動向が漠としていますが、出発点の生まれや境遇や環境を乗り越え、自分の目指す学習や努力によってどのように生きていきたいかを考え、出発点から現在に至るまでの学習や経験や努力を通じ、自分の尺度、主体的価値観、意味ある情報を摑むことで、強く自己革新を進めることが可能となりますし、自分自身の進路を決め学習と努力を重ね自分をコントロールすることによって豊かな幸せな自分の居場所が得られ、人生の勝利者へと繋がっていくと考えられます。

## 6　生きる取り組み

ほとんどの人は生きる上で人生設計を描くとか人生の目標を書いてみるとかも無く、漠然として人生を捉えながら生活していますが、自分の「八つのチカラ」を真剣に捉えて自分とは何者なのか、自分の生きがいは何なのか、自分はどの様な生活や仕事を求めているのだろうか、自分が求める生き方とは、生きがいや満足度をどのように求めているのか、本気で自分の人生物語を考えどのようにして人生に取り組み目標や計画を考えて努力を重ねることが必要なのです。

「人生は自分のためにある」ことに気付くことが何としても大切で、自分が持っている「八つのチカラ」をあらゆる角度から把握し、自らが手に取るように理解して自分の存在を真剣に捉えて自分の生きる道を描き出し努力を重ねていくことが何よりも大切なのです。

自分の「八つのチカラ」のそれぞれのチカラを摑み把握し、どのようにチカラを活かし組み合わせて人生の活動力となる生きがいや自分の満足度を求めることによって、自分の生き方が徐々に見えてくるようになって人生設計が具体的に描けるようになり、一日一生の想いで努力を重ねることが人生そのものとなっていきます。

コロナやウクライナ侵略によって世の中が急変し、その中でＳＤＧｓが強く打ち出されていますが、実のところ漠としていて世界が何処を向いているのかが見えないのが現実のように思えますが、世の中の流れを的確に読み取り自分なりの生活や仕事を求め納得できる人生を過ごすためには、自分の「八つのチカラ」をしっかりと摑み目標を持ち自分の判断力や理解力や決断力を育て努力と行動を重ねることが必要になっています。

その為には自分の尺度を持つ力、主体的価値観を持つ力、意味情報を掴む力を育てながら自己革新を求めていくことが重要で、「八つのチカラ」を意識し考え生活や仕事をする習慣を続けていくことによってどんなに世の中の流れや動きが急変しようとも、自分の目標を設定し努力を重ねていき「生きる力の方程式」に向けて人生に挑戦することです。

新聞や本やテレビを見ていて何か利他の力が働いているかのように自分の選択力が発揮されてある情報をピックアップし最適な判断や理解ができるようになったりしますが、「八つのチカラ」を意識し考える習慣が身に付くと自分の脳に「人生は自分のものである」という辞書のようなものが備えられ生きがいとする満足のいく自分ならではの人生を歩むことに成ると思っています。

## 7　「生きる力の方程式」の体験

お金、時間、仲間、場所、体力、物、知力、欲望の八つのチカラを生活や仕事の世界を意識し、考えたり人生設計を考えていると自分の目や脳や身体が少しずつ変化していき、自分の領域が広がっていき物事を多面的に複合的に考えるようになり広がりを見せ始め、生きている世界がより広くより深く大きく広がっていきます。

このような「八つのチカラ」の思考リテラシーを持ち続けて生きていくことは、より大きな豊かな人生物語を手にすることができますし、あるべき人生を掘り起こし遂には自分の生きがいや満足度を手にして自分の人生物語を必然的に描き出すようになり、努力を重ねている内に豊かな幸せな人生を手にすることになります。

１９６５年頃の話ですが山口県でＬＰガスメーターを売っている時に、メーターを取り付けることでガス漏れが無くなり中小プロパンガス業者のガス量を拡大することが出来るようになり、お風呂やガス器具を増やすことによってガス量を増やせますという経営指導をしていると、プロパンガス協会の理事長がこの動きを山口県全土に推進して欲しいと要望され、その後法制化が決まり政府の財政融資による中小業者へのメーターリース会社が発足して、ＬＰガスメーターが順調に拡販ができ日本一のセールスマンになりました。

その後世界初の高速ファクシミリを担当し国内市場でトップシェア獲得に貢献しましたが、米国に渡り当初レンタル販売を展開していたのですが、本社かららレンタル資金が不足したので月1000台までの販売にして欲しいとのことから、ラスベガスのCESショウで偶然HERTZリース社の社長に出会い、業界初の高速ファクシミリをリース販売に採用していただくことになり、1000台／月から3万台／月の販売を達成し全米トップシェアを獲得し事務機販売の直代の販売網の基盤を築くことが出来ました。

販売とは物を売ることだけでなく、お客様にリースやレンタルやシェアリングとしてお客様が買い易く提供したり、お客様に役に立てることを提供することなのだと実感しました。

## 8　転換点に立つ

大学を出てリコーに入社し、国内営業で世界初の高速ファクシミリの販売企画を担当し市場を席巻し全世界の販売網つくりに着手し、家族と共に米国に渡り高速ファクシミリの販売網を築くことになり、AT&TへのOEM販売に成功し全米での高速ファクシミリのトップシェアを築き上げ、帰国後は半導体事業部の営業部長兼開発センター所長を務め、9日間の座禅修行を受けて自分の心の独楽の芯を大きく回す生き方を学び、禅寺で満天の星を見て「生かされている」ことを学び、「世の中をしっかりと見る」ことの大切さを身に付け、45歳で独立し中国の台頭の動きを活用して上海で電卓の開発と生産をして、日本で商品企画と販売をして大型量販店ダイエーやジャスコやイトーヨーカドーで年間350万台を販売し、大型量販店やホームセンターやコンビニ市場を席巻し成果を上げました。

営業や交渉事や調査活動にしろ、常に11回目の努力を重ねることで必ずどんなことが有ろうとも成果を上げるという営業哲学を手にしたことから、「11回目の法則」という生きるための信条を掴みました。

戦後日本の復興は年功序列と滅私奉公と勤勉力によって成し遂げましたが、今日やっと欧米で40年以前に採用されていた職務やスキルや能力や経験や資格に基づく給与システムであるジョブ型雇用による雇用給与システムに切り替えられることによって、欧米並みの給与システムに転換する方向となり国を挙げてリスキリング制度が推進されていますが、１９８８年では長男がＮＹ大学に留学したことからサラリーマンでは手が届かないと思い独立を決意して、大手量販店ダイエーやジャスコやイトーヨーカドーが生鮮食品に加え生活雑貨を扱うようになり、１９８９年４月から３％の消費税を導入することになり業界初の消費税電卓の特許を取得し、主婦が電卓を使うようになりかつ為替が２３０円／$から78円／$の超円高を迎え、当時２０００円の卓上電卓を価格破壊によって販売展開して３９８円として市場を席捲し３５０万台／年を出荷する企業に成長しました。

常に「八つのチカラ」を意識し考えることによって中国の台頭での電卓の開

発生産や、為替の急変による価格破壊や、消費税による主婦の電卓による税額の確認をする行動の動きを予測し拡販に繋げ一挙に成功に結び付けました。

## 9　指導や愛情を頂いた先輩方

サラリーマン時代に事業計画や商品計画や事業組織や販売基盤作りの事業経営指導をいただきましたが、最初の高速ファクシミリの販売戦略の展開で商品と市場との関係でどこを先ず攻略すべきなのか、市場をどのような販売手法で動機づけたら良いのか、直売と代販の販売ルール作りをどうするかという戦略展開をご指導いただき常に責任者として活躍の場を与えられましたし、開発や販売の仕組みや事業計画作りや部下指導の基本的戦略を教えていただきましたが、あらゆる面で支援され事業展開を後方から援護していただきました。

高速ファクシミリの国内販売や米国市場の責任者としての活躍の場を頂けたことや、ライセンス契約や海外企業との販売契約締結というご指導をしていいただけたことに感謝するばかりです。

このようなご指導と事業経営を体験させていただいたことが独立して電卓販売事業を手掛ける上で功を奏して、13年間黒字経営を全う出来たのだと思っています。

## 10　毎日をワクワク感で一杯に

私は戦時中に生まれ食事が充分ではなく栄養失調の様な身体でしたが、お金、時間、仲間、場所、物、体力、知力、欲望の「八つのチカラ」を意識し考えることができたことで「人生は自分のためにある」ということに気付くことになり、街の活気や舗装されていく道路や走って行く国産車を見て、日本の産業や経済復興の勢いを見て自分のことのように喜んだり経済大国米国への憧れに目が向いたり、すべてが前を向き明るく育っていけたことが幸せなことだと思っています。

その様な真剣に前向きに捉える考え方や世の中が「八つのチカラ」で形作られていると気付いたことで何事にも挑戦し、山口県の第一線のセールス活動で日本一になり、高速ファクシミリを国内で販売して市場シェア1位を獲得し、初めて米国に1人で事務機市場調査に抜擢され米国市場規模の大きさを知り、米国駐在で直販と代販の販売網を作り事務機販売の基盤を作れたこと、独立して初めて大型量販店ダイエーから電卓20万台を一括納入し全国区の電卓ブランドとなって年間350万台の事業に成功したことは、この「八つのチカラ」を意識し物事を考え努力を重ねる自分の生き方を身に付けたお陰だと思っています。

学生時代、25年のサラリーマン時代、13年間の独立ベンチャー時代、特許コンサルタントとテレビ番組制作会社の自営業の三つの仕事に携わり、「八つのチカラ」を取り入れた物の考え方や人生設計作りの習慣を徹底する努力を重ねてきたことから毎日がワクワク感のある人生を過ごさせていただきましたことに感謝します。

その間に常に大きな壁が登場しますがこの思考習慣の知恵と努力によってそ

の都度解決してきましたが、注目すべきプロジェクトは国内の大手企業に高速ファクシミリを販売するために紹介販売キャンペーンを展開し成功したことや、米国でＡＴ＆Ｔへの高速ファクシミリのＯＥＭ販売への努力をしたことや、米国の代理店網作りでの直販勢力の強力な反対を乗り越え直販代販の販売基盤を築けたことです。

独立の条件であったオーロラのブランド商標権を獲得することだったのですが、「11回目の法則」の信条を貫き幾度も訪問を重ねていましたが、偶然交渉中に業界の知人が登場して仲介していただき商標権を獲得することができ独立が可能になったことや、講演会で大型量販店の社長さんと出会い業界初の中国での電卓生産をしていたことが評価され毎月20万台／月の受注獲得が出来るように成りました。

このような人生での壁への解決や成果を得ることが出来たことは、物事を考える上で広く深く考える生きる力の「八つのチカラ」を意識し考えて生きていくという思考習慣を身に付けたことで「お客様にお役立ちする」という姿勢や考え方が生まれ、売れるまで訪問するという「11回目の法則」という努力の法則を人生の信条として努力を重ねてきたことからだと思っています。

## 11　人生を考える

１９４２年６月ミッドウェー海戦で日本は敗戦の道を歩み、私は１９４３年２月に誕生し１９４５年８月15日に終戦、目黒の我が家は全焼し全財産が藻屑となり東京は廃墟と化していました。

小学校に入る前のことですが、東京目黒の地で地平線が見えるという風景を見ながら私は磁石を持って焼けくずの真鍮を拾いながら目黒から五反田や恵比寿や渋谷まで仲間の千葉君と剣持君の３人の仲間と夕方になるまで歩きつづけ家路に就くという毎日を過ごしていました。

１年中半ズボンで、拾ったゴム靴を履き目黒不動尊や大鳥神社や目黒雅叙園の庭園で椎のみを拾って剣持君の家で椎のみをフライパンにのせ焼いて、みんなで食べることが楽しい思い出となっています。

道路が舗装されて行きたまに走る国産車を発見すると皆で万歳をしたり、家々が建って行くのを見ては喜んだり、ガス管が各家に配管され我が家にもガスが引かれ文化的生活が出来るようになることにお互いに喜び合っていました。

学校では勉強が出来たことから仲間から尊敬されるようになり、復習予習に力を入れ小学校や中学校を学習することで過ごしていましたが、貧しい生活の中でも中学の手島先生のお陰で楽しくモーツアルトやショパンのクラシック音楽を学ぶという情操教育を受けたり、数学ができていたことから先生の代行をしたりして楽しく学ぶことができましたが、その延長線上で大学では明治の特待生として楽しく健やかに学ぶことが出来ましたことに感謝するばかりです。

社会人になると山口県全域でLPガスメーターの販売担当となり、物を売るというよりもガス屋さんの経営改善の相談に乗って、如何にしたらガス販売量を増やすのかを指導し日本一のセールスマンとなり、それ以来本社にスカウトされ高速ファクシミリの販売スタッフとして国内と海外で高速ファクシミリを販売し活躍しましたが、何でもゼロから学び商品の効用を掴み販売支援することで商品そのものが売れることを体得しビジネスモデル化をすることを学びましたが、独立し1988年の中国の台頭をチャンスとして大手量販店ダイエー、ジャスコ、イトーヨーカドーを販売ルートとして中国上海で開発生産し日本で企画販売するオーロラ社を設立し、電卓を年間350万台出荷して大手量販店やホームセンターやコンビニ市場を席巻することができました。

常にお金、時間、物、場所、体力、知力、仲間、欲望という「八つのチカラ」を持って自分の人生を考え、「人生は自分のためにある」という自分の人生物語を描き出し努力を重ね行動する「生きる力の方程式」を人生の羅針盤として生きて幸せな豊かな人生を摑まれることを願っています。

# 第二章　自分の人生設計つくり

# 1　人生設計

私は終戦後の廃墟となった東京目黒の街を、冬でも半ズボンで拾ったゴム靴を履いて目黒から五反田まで歩き瓦礫の中の人々の暮らしを見ながらも、日を追うごとにバラック建ての家が次々と建ち、薪で走るバスやトラックが走り、米車や日野ヒルマンの乗用車が走るのを見て世の中が少しずつ前へと進みだしていることに心がワクワクするのを覚えました。

不思議と泥んこの道が舗装され、街はガスが使えるようになり、鉄筋のビルが建ち、日本の復興が活発になっていく様子を見ては心の中が燃えてくるのを感じました。

私の生まれ育った時の東京は瓦礫と化しましたが、テレビで映るウクライナの街はまったくその時と同じ世界でしたが、近所の友達の家が焼け出されて御影石を積んだ小さな汚い小屋に住んでいたり、我が家の生活と言えば母がお金が無いと言って何時も泣いていて、父は心臓弁膜症で寝てぶらぶらしていることや、兄妹4人が皆中学を出て仕事につき働いていてそのようなことを子供ながらに見ていて、この世界がどの様になっていくのだろうかを考えていましたが、必ず明るい社会がやって来るのだと信じて毎日を過ごしていました。

私はその時幸いなことに深刻に思わずに生きることや生活することに真剣に向かい合い、自分を意識し考え何事も少しでも良い方向に向かっていって欲しいと願っていたし、学習し努力することを考え自分に出来る家事の手伝いは何なのかを考え、少しでも生活が良くなっていくには何をすれば良いのかを考えていました。

今コロナやウクライナ侵攻や世界経済のインフレを伴う経済の混乱の中で、街では買い物も十分にできない幼い子を背負い生活が苦しそうな母子家庭の子供づれの母親の姿や、足を引きずりながら買い物に来ている老婦人の姿や高齢者夫婦が杖を突いて屈んで歩いている様子を見て、私の育った終戦後の瓦礫の街の様子と大差ない世界が目の前にあることに驚いています。

もし若い内に私たち誰しもが持っている、お金、時間、仲間、場所、物、体力、知力、欲望の「八つのチカラ」を意識し考えて自分の人生を大切に考え、

「人生は自分のものである」と考え自分の人生の目標を持ち努力と行動をしていたのならば、少しは豊かな生活が出来ているのではと思うのです。

コロナやロシアのウクライナ侵攻による世界の穀物やＬＰＧや原油や経済インフレの混乱によって企業や家庭に影響が及んでいますが、「八つのチカラ」を考え「人生は自分のものである」ということを自覚し自分の人生を自分のチカラで切り開いていれば、生活の貧しさを少しでも緩和したり改善したりすることが出来るのではと思うのです。

出来れば若い段階に老後の生活と考えてあなたの「八つのチカラ」を自分なりに育て上げ老後のためのお金や体力や知力の維持増進の運動や学習のリテラシーをして備えをしていれば、どの様な世の中の変化があろうとも少しでも世の中の変化によるダメージを緩和したりそれなりの余裕が持てるような生活が出来ているのではと思うのです。

新型コロナに出会い今までにない空間を意識する生活を送ることになりましたが、誰しもが巣籠もり的生活によって今までに味わったことのない閉鎖的な生活や仕事に強いられ当惑してしまい、その上失業や倒産という厳しい変化の波が押し寄せ、それに加え経済活動も制限が加わり、先の見えない不安な生活の連続でした。

コロナ前の生活と言えば、ハワイや瀬戸内海や長崎や博多と自由に旅行をしたり伊豆山の温泉に行き夫婦水入らずの快適な生活を送っていたのですが、それとは打って変わって比べようのない人との接触を避けた生活になってしまいました。

「八つのチカラ」を意識し考え自分なりの生きがいを見出せる生き方があるのではと信じて、自分の生きがいや満足度を求めることを可能とする「生きる力の方程式」を描き目標と計画を設定して、毎日を体操や掃除や学習や研究やテレワークによる友人との会合やメールによる討論やマスクを着けての買い物や、サントリーホールや都立芸術会館でのクラシックコンサートや毎週木曜日の絵画教室が終わった後で、妻昌子が教室の三階にある軽食喫茶の席取りをして油絵仲間の高羅さん夫妻や服部さん夫妻と昼食をご一緒して歓談をし楽しく過ごしました。

私たちが持っている、お金、物、時間、体力、仲間、場所、知恵、欲望という「八つのチカラ」を思い浮かべ、それらをどのように活かし自分の生きがいや満足度へと結び付けて新たな生き方を見出し考え行動するかという「八つのチカラ」の思考習慣に早く取り組んでいただき、生きがいのある人生を過ごされることを願っています。

先ずは自分に問いかけてこれからどのような世界でどのように生きていくことが自分を活かす上で良いのだろうか、そのことを推し進めていく上で課題や問題はどのようなものなのか、可能な限りの自分の将来像を描き出し、目標を定め、やるべきことをすべて掲げていただき、自分の生きがいのある生活や仕事を思い浮かべ、「八つのチカラ」による「生きる力の方程式」という生き方を描き出し努力を重ね行動することを実行に移されれば必ず先が見えてくる筈なのです。

「八つのチカラ」を考え活用することで、新しい生き方や考え方を描き出しその方向に向かって生きていくことによって「人生は自分のためにある」ことに気付き、高齢に向けての体力や知力やお金の備えをすることで、歳を重ねれば体力も衰えますし老後でのお金も不自由することになり今までの生活があらゆる面で維持できなくなることが起こるわけで、若い内からお金や体力や知力を備えるために、稼ぐ力や運動や学習というリテラシーを持って生活と仕事に取り組んでいけば、高齢になった時に自分そのものが老化したとしてもそれを乗り越え、「八つのチカラ」による自分の生きがいのある満足度のある「生きる力の方程式」に基づき、現実の自分に問いかけながら自らの生活や仕事を活性化し具体的な人生マップに沿って計画的に実行し努力をすることです。

＊「八つのチカラ」による生き方

1、お金モチ：先ずは学生時代には徹底的に学び物事や社会の仕組みや社会システムをマスターし、社会人となりスキルや能力を高めプロフェッショナルな仕事を熟せる人材に育っていただき、体力もあり若さもある段階でジョブ型雇用による仕事に就かれ出来る限り老後のために稼ぐ努力を尽くされることが人生にとって重要なテーマとなります。

その稼いだお金をあなたの生きがいや満足度を得るために運用し、常に手取り月額の収入額と支出額を把握して月額支出額を算出し毎月の収支を明確化しその上で収支改善策を立て実行することが必要ですし、将来高齢者となった時の備えとして何時の時点が稼ぎだす時期となるかを設定し確実に捉えることが今後の人生にとって重要なこととなります。

特にこのお金に関わることを考えることは自分が納得した生きがいのある満足度が叶えられる生活や仕事を確保するかという稼ぐ力の作業は大切なテーマで、自分の生活のレベルをどの様な状況に確保するかを定めることは本当に大切なことです。

2、物モチ：現状の資産を今後どのようにして運用していくかを整理し、その目標と計画を作り上げることが大切です。

3、人モチ（仲間）：これまでのお付き合いしている人の住所録を整理し、今後とも継続してお付き合いを進めるかを確認し現実的な住所録を作成され仲間作りの原点を明確にしておくことです。

4、場所モチ：今後とも通う毎週木曜日の油絵教室や、3年に1回のビーズと絵画展の開催や、ビジネススクールの会合や同期会の会合を継続し仲間との関係づけを維持していくことで、自分を何時までも若く活性化する努力をしています。

5、力モチ（体力）：自宅でするストレッチやスクワットのトレーニングや、毎日の5000歩の歩行運動を継続し健康維持を図っていますが、常に年齢に応じた高齢化に伴う血液や骨や筋肉の状況を確認して体力の維持増進を図り、気力を蓄えるための健康運動リテラシーを明確にし持続しています。

6、時間モチ：時間は人生の原点であり生きがいや人生の満足度を求め常に大切にして読書＋書く＋考える＋描く＋見る＋体を動かす＋会話するという時間をスケジュール化され、理想的な時間の使い方や豊かな生活のリズムを創造していくことだと思っています。

如何に人生を意識し考えることによって自分そのものが成長し進化してい

くのかを、一生に亘って研究することを自分のテーマとして考えてください。

7、知恵モチ（知力）：稼ぐ力＋小説力＋描く力＋研究テーマを具体的な大切な学習モデルとして定め、常に時間は限りある大切なものと心掛け人生を考えて、一生運動、一生学習、一生努力を貫いていく覚悟を持ってください。

8、欲望モチ：私は先ず妻昌子と一緒に如何にしてあらゆる面で健康を維持していくかを配慮しながら、出来る限り寄り添い満足感を持った生活が実現できるかという伴侶への気遣いを考え、現実の資産活用をどのようにして維持していくか＋思うがままに油絵を描いていくこと＋思うがままに小説を描いていくこと＋学習リテラシーと健康リテラシーの維持をして、自分の欲望である生きがいと満足度を常に明確化し実行していきますが、生きがいと満足度を定め求めながら努力を重ねていくことが大切だと思っています。

料金受取人払郵便

新宿局承認

7552

差出有効期間
2024年1月
31日まで
(切手不要)

郵便はがき

1 6 0-8 7 9 1

1 4 1

東京都新宿区新宿1－10－1

**(株)文芸社**

愛読者カード係 行

| | | | | |
|---|---|---|---|---|
| ふりがな<br>お名前 | | | | 明治 大正<br>昭和 平成 年生 歳 |
| ふりがな<br>ご住所 | □□□-□□□□ | | | 性別<br>男・女 |
| お電話<br>番 号 | (書籍ご注文の際に必要です) | ご職業 | | |
| E-mail | | | | |
| ご購読雑誌(複数可) | | | ご購読新聞<br>新聞 | |

最近読んでおもしろかった本や今後、とりあげてほしいテーマをお教えください。

ご自分の研究成果や経験、お考え等を出版してみたいというお気持ちはありますか。

ある　　ない　　内容・テーマ(　　　　　　　　　　　　　　　　)

現在完成した作品をお持ちですか。

ある　　ない　　ジャンル・原稿量(　　　　　　　　　　　　　　　　)

| 書　名 | | | | | |
|---|---|---|---|---|---|
| お買上<br>書　店 | 都道<br>府県 | 市区<br>郡 | 書店名 | 書店 | |
| | | | ご購入日 | 年　　月　　日 | |

本書をどこでお知りになりましたか?

1.書店店頭　2.知人にすすめられて　3.インターネット(サイト名　　　　)

4.DMハガキ　5.広告、記事を見て(新聞、雑誌名　　　　)

上の質問に関連して、ご購入の決め手となったのは?

1.タイトル　2.著者　3.内容　4.カバーデザイン　5.帯

その他ご自由にお書きください。

(　　　　)

本書についてのご意見、ご感想をお聞かせください。

①内容について

②カバー、タイトル、帯について

弊社Webサイトからもご意見、ご感想をお寄せいただけます。

ご協力ありがとうございました。

※お寄せいただいたご意見、ご感想は新聞広告等で匿名にて使わせていただくことがあります。

※お客様の個人情報は、小社からの連絡のみに使用します。社外に提供することは一切ありません。

■書籍のご注文は、お近くの書店または、ブックサービス(0120-29-9625)、セブンネットショッピング(http://7net.omni7.jp/)にお申し込み下さい。

このようなことを具体的に書いてみると驚くことに「八つのチカラ」を意識し考えて毎日を過ごすことで自分の身体と脳がシャキッとしてしまい、弱気な気持ちが一気に消えてしまい本来の自分の生きる力がしっかりと手元に握りしめられているようにさえ思えるのです。

この「八つのチカラ」の思考習慣によって「生きる力の方程式」を意識し考え、目標を描き、計画し、努力し、行動し、常に自分を見直し「八つのチカラ」という思考習慣により自分を常に再構築していくことが大切だと思います。し、もし「八つのチカラ」を考える思考習慣がなかったとしたならば、このような新型コロナやウクライナ侵攻のような激変の世の中で巣籠もり生活の連続する壁に塞がれ、自分の生きがいも見失ってしまっていたのではと思っています。

新型コロナやウクライナ侵攻によって私たちは人生の転換点に立たされましたが、そのような時に定年や事業から引退するという状況に追い込まれてしまったような人にとっては、この「八つのチカラ」による「生きる力の方程式」を考えていただき、何とか生き抜いていただき、生きがいのある自分の姿を描き出し、新たな人生を考え出し今後の方向や計画を手にする未来の新たな人生に向けて力強く歩み出してください。

## 2 「八つのチカラ」の思考習慣

人生とは人間がこの世で生きていくことによる経験や体験の総体で、生きがいとはその人が生きる上でやる気を引き起こす原動力となるその人の生きることへの動機付けとなるものです。

ではどのようにしたら自分の人生は「自分のためにある」と気付くことが出来るのでしょうか、生きがいというチカラをどの様にして探し出せるのでしょうか、人との係わり合いや様々な体験や知見によって自分の生きがいが発見できるのか、具体的にあなた自身が持っている資源である「八つのチカラ」のお金、物、場所、時間、体力、仲間、知力、欲望というチカラを最大限に発揮することで自らの喜びとなる「生きがい」という生きるためのエネルギーが摑めるようになるのです。

コロナ感染やウクライナ侵攻のようなことが起こったとしても、この「八つのチカラ」を意識し考えることによって、自分という人間がどの様な人間であり将来どのような人間に育っていくのかが徐々に分かるようになり、「八つのチカラ」を自分なりに最適な方法で育て上げ学び努力を積み重ねそれぞれのチカラを組み立てていくことで自分に最適な生きがいを見出せるようになり、その実現のために学び努力を積み重ねていくことが人生そのものなのだと思います。

あなたの考え方や生き方を人生物語としてストーリーとしてまとめ上げたものが「生きる力の方程式」という人生の道標となるもので、この道を確実に歩んで行くことが人生を豊かにすることに繋がるのです。

生きがいのある人生とはこの「八つのチカラ」を意識し、考え一つ一つのチカラをより強く育て組み合わせてどのようにして生きていくことが最適なのかを考え、自分の過去、現在、未来を通して自分の「八つのチカラ」を活かして生きることを考え、努力を重ねていくことこそが正に人生そのものなのです。

どのようにして生きていきたいのか、自分の生活や仕事をどのように定めたら良いのか、どのようにしたら自分を活かし切って生きることが出来るのだろうか、ということを考えあなたの定める人生物語を描き出すのです。

人生の原点である「生まれ」については自分自身が気付いた時点で分かることですが、生まれた家や親や家族や環境や境遇は全ての人にとってそれぞれ異なりますが、そのことが「生きる力」の出発点となり、そのことについては感情を抜いて真剣に自分の出発点を見極めることが大切です。

自分の持っている「八つのチカラ」のそれぞれのチカラをはっきりと確実に摑んでいただいて、それぞれのチカラの目標を立て力強く立ち向かいそのための学習をし努力し行動し実行していくことが大切です。

このような思考習慣を持つことによって、どんなに辛いことや厳しい状況に出会ったとしても深刻にならずに真剣に自分を意識し自分自身を考えるという習慣を身に付けることで、生きがいのある世界をはっきりと摑むことができるようになり充実した生活や豊かな人生を手にすることが出来るようになります。

私は22年間幼少時から学生時代に学ぶことに専念し、25年間のサラリーマン生活では国内海外を通して徹底して働き続けましたが、独立して中国製の電卓を輸入販売することになり、その狙いの販売先を大型量販店ダイエーと定めて3年間も成果がない中でも訪問を繰り返し続けある日突然ダイエーの創業祭の広告チラシで他社の目玉商品が取り止めになったことで、その穴埋めにとオーロラ電卓が急遽採用され、それが切っ掛けとなって全国区の商品として全国のスーパーや量販店やコンビニやホームセンターに認められるまでに成長しました。

このことは「八つのチカラ」の思考習慣を持ち続け商談の努力を重ねてきたからこそ成果が出たのであって、その上に利他のチカラのようなものが加わって奇跡を引き起こし年間350万台販売する企業となったのだと思っています。「八つのチカラ」の思考習慣によって物事をどのように捉えていくかということを、具体的にお話ししたいと思いますが、「八つのチカラ」を摑み意識し考えて、生きがいや満足度を捉え目標と計画を定め学び努力を重ねることによってあなたの人生に開運の機会を起こすと思っています。

人生のいろいろな生きるシーンの中で「八つのチカラ」の思考習慣を実行することで起こりうる具体的な事象や場面や出会いということを、あなた自身の生活や仕事の場と重ね合わせていただきあなた独自の「八つのチカラ」の思考習慣を意識し考えることで、あなたの未来の人生が輝けるものになると思います。

「八つのチカラ」の思考習慣ポイント

1、仲間…出会い、家族、親戚、学校の先生、教授、人脈、パートナー、仲間、先輩、同僚、後輩、学校仲間、会社仲間、取引先のバイヤーさん、社長さん、趣味の友、学会仲間、ご近所、町会といういろいろな場面での人に係わる縁を生み出してくれるチカラのことです。

私は小学校6年時の担任松沢先生より夏季学校に参加することを強く勧められ、区の助成金で何とか参加できることとなり、横須賀の地に訪れてペリー提督によって日本の国際化が始まったのだと知り大きな興奮を覚えてそれ以来米国渡航への夢を持つこととなり、米国ホワイトハウスに米国留学の嘆願書を送り米国大使館で面接試験を受けて米国留学取得を獲得しましたが、そのことは松沢先生の存在があったからだと思っています。

大学で特待生に選抜され大学1年の時に明治大学代表として大宅壮一氏主宰の札幌農学校に参加しましたが、その時の主催者であった雪印乳業創業者の黒沢酉蔵様がリコーの創業者市村清を紹介されて、25年間のサラリーマン生活をリコーで過ごし素晴らしい体験をさせていただきましたがこの人の縁というチカラの強さを本当に実感しました。

2、お金…貯金、投資、為替、株式、投信、給与、債権、月謝、こづかい、生命・地震・損害保険、予算、資金、高校や大学への寄付金、投資信託、証券会社、銀行、クレジット会社、不動産企業との係わりもこのお金に関することです。

貧しかった学生時代の時に豊かな生活を得たいがために将来一国一城の主になることを考えていましたが、41歳になりマッキンゼービジネススクール（MBI）で経営戦略論を学び、サラリーマン生活から独立経営に乗り出すことになり新たな知恵と老後の備えのために若い内にお金を稼いでおくという新たな挑戦により起業家への決断に至りました。

3、物…オフィス、土地、出版、絵画、骨董品、自動車、別荘という動産や不動産や自分が大切にしている物のことです。

私は中学1年までミカン箱に新聞紙を貼り机として勉強をしていましたが、どうしても本物の勉強机が欲しくなり貯めておいたお金で人生初めての物を買うという実体験をして、これが初めての物を買うという体験で木作りの小さな机を買うために中学校の近くの古道具屋さんを何度も何度も訪れ品な定めをして、古道具屋さんとの値引き交渉やお金が足らなかったことで買うと決めてから3ケ月後にやっとの思いで買うことができ、この机でしっかりと集中して思う存分に勉強ができるようになり、都立青山高校に合格しその後都立目黒高校に転入しましたが、これが物を買う初めての体験でした。

4、場所…家庭、趣味の場所、学校、会社、研修、イベント、スポーツジム、美術学校、ホテル、温泉、博物館、法廷、国会、海外という自分との係わる場所や空間のことです。

私は独立する当時は1ドルが230円の円安の状況でしたが、3年後には為替レートが急激な円高になり1ドル79円の超円高となり、この超円高を活用して上海工場で電卓を開発生産し安い原価で輸入し当時2000円もしていた電卓を為替の円高を活用して価格破壊の398円の特価によって大手スーパーダイエーで小型卓上電卓を売り出し、これによってオーロラ電卓は全国区の商品となり、その上消費税のスタートを機に消費税電卓の特許を取得し発売したところ売れに売れました。

これは上海という国と為替レートを活用し円高還元を販売戦略に起用したことによる成功例だと思っています。

5、時間…あらゆるタイミング、家族会議、家庭生活、学習時間、就業時間、旅行、講演、ボランティア、趣味の時間、文筆活動の時間、通院、療養という生活や仕事や趣味や会議に費やされる時間のことで、時間はあらゆる人生を動かすものであり、人生にとっては一番貴重なものであり限りある価値あるものです。

人生100年時代と言われますが、私は40歳になって時間には限りがあるものだと強く自覚し、時間は世の中で一番貴重なものだと真から感じ人生で最も大切なものが時間であり時間をどのように費やすかでその人の一生が決まってしまうのだと気付き、その時間軸を考えて体力のある今しかないと考え、45歳でサラリーマンから独立し事業を立ち上げることになりました。

私は後輩に一日を一生と思えと叱咤激励していますが、この時間の概念を超越して頑張って仕事に取り組まれた後輩の小里文宏さん（TECHPOINT社CEO）がいますが、小里さんは米国に渡り、毎日、今やるべきことはすべてやるという気構えで成功され、海外で活躍した日本人の中で一番の大金持ちになられた方ですが、その想いを小里さんは日経の交遊録に載せられています。

6、体力…腕力、身長、体重、持久、食欲、健康、格闘力、睡眠力、スポーツ力、歩く力、走る力、ストレッチ力、スクワット力、指圧力という自分の脳から手足までの身体に関するチカラのことです。

高校時代にアルバイトをした時に、私は貧弱な小柄な身体であったことから美術印刷工場で生紙を乾燥させるという、腕を広げて工場の天井の梁に生紙を吊し生紙を乾燥させるという繰り返しの作業でしたが、その作業で腕や腰の筋肉がつけられるのではと気付き、この作業に没頭し3ケ月もの間無我夢中にやり切れたことは体力をつけたいということに気付いたからだと思っています。

7、知恵…学習力、解析力、想像力、創造力、相談力、聞く力、話す力、質問力、提案力、解析力、語学力、経理力、特許力、発言力、構想力、説得力、交渉力、育成力、信仰心という自分をつき動かす知力のチカラのことです。

私は小学校に入った時に読み書き、そろばんの出来ない子でしたが、その頃は終戦後の時でもあり家族が私に教える時間が無かったからですが、周囲を見回すと殆どの子は字が書けて計算も出来ていたことから私は驚き本当に悔しい想いをしてその悔しさから一気に学ぶことにスイッチが入り、その後クラス一番の成績を取るまでに成長しそれ以来学ぶことに興味を持ち、大学も特別給費生として卒業しマッキンゼーでビジネススクールMBIを修了して経営戦略論を学び、この知力によってサラリーマンから独立へと大きく舵を切り、人生を変え100年人生に必要な備えを築いたのです。

8、欲望…仕事、趣味、術、研究、ファッション、スポーツ、サービス、政治、介護、ボランティアといろいろな領域の中で自分の生きがいとなる研究や仕事の分野を選択し、どのような職務が自分のチカラをより発揮でき活躍できるかという夢や想いを求めることは大切なことです。

私はよく物事に取り組む時は感情を抜いて取り組めとか、深刻にならずに真剣に取り組めと言っていますが、このような考え方は何事にも全力で欲望を発揮し尽くして欲しいということからで、人生の生きがいや満足度ということに真正面に立ち向かい「八つのチカラ」を自分なりに考え抜き目標を立て計画し努力と行動をすることで納得のいく生きがいのある人生を目指す「生きる力の方程式」を考案しました。

優れた人材に出会ったり自らが学び自らを磨いたり向上心を身に付けたり覚醒させるような書物に出会い研鑽し向学心に燃え海外留学や海外体験を試みることで国際性や語学力を向上させ、グローバルな人材へと脱皮してそれまでの延長線上ではない分野に努力と労苦を積み重ね、新たな生きがいを掴み、新たな人生を歩んで行くことは大切なことです。

あなたが「八つのチカラ」の思考習慣を自分のものとされ、より具体的に生きがいや満足度を探し求めることは大切で、そのために「八つのチカラ」をより見える化することが重要でその手法として「第六感思考プロセス」がありますのでより最適な自分の人生物語を描き出すために活用していただければと思います。

＊「第六感思考プロセス」

1、自分自身で状況をつぶさに観察する（観察）。

2、自分の周りのいろいろな変化を看ることによって看護師が患者の様態を看るかのように、刻々と変わる様を看ることです（看る）。

3、事実を分析し鑑定することです（鑑）。

4、気付いたことによって関係や関連性を考え合わせることです（関）。

5、それらを通して自分の心の動きや世の中に流れている感性を掴み切ることです（心の動き）。

6、これらのステップを踏んでトータルとして物語やビジョンへと纏め上げることです（巻）。

この「第六感思考プロセス」の六つのプロセスを踏むことによって、あなたの「八つのチカラ」のそれぞれのチカラを明確にして将来の自分の生きる姿をはっきりと映し出せるようになります。

これからの経済、技術、ファッション、医療といういろいろな分野で、活躍するグローバル人材になるためにも、自らが「八つのチカラ」による「生きる力の方程式」の存在に気付き、自らのチカラをよりグローバルレベルにまで実力度を高めてグローバル人材として活躍されることを願っています。

＊「八つのチカラ」による生きる力の方程式
自由な身の回りのあらゆる資源／〔お金＋時間＋場所＋物＋体力＋仲間＋知恵欲望〕＊（第六感思考プロセス）＝人生の余裕係数

あなたの本来持っている「八つのチカラ」を、如何に生かし育て「生きる力の方程式」を描き出し、究極の人生の余裕係数を求めてください。

これより「八つのチカラ」による「生きる力の方程式」によって、自分自身の生きるためのエンジンを開発され、世界に通用する人材へと変革されることを期待しています。

さあ、時間はありません。あなたは今からあなたの「八つのチカラ」を意識し、考え、あなたの人生をより前進させ生きがいのある人生にチャレンジし、あなた自身が人生の冒険者になられることを期待しています。

## 3　成功者は「八つのチカラ」を考えている

私は大学を出て事務機器大手のリコーに就職し25年間勤め、マッキンゼー・ビジネススクール（ＭＢＩ）で経営戦略論を学び修了し、サラリーマンで学んだ事業計画や販売計画の立て方や事業推進の経営管理や事業収支管理を習得し、事業戦略シミュレーションのスキルを身に付けそれらの知見とそれまでの経験を活用し独立して起業家となりましたが、ベンチャー企業を立ち上げる際には厳しい労苦や努力を重ね経営上の変化や市場環境の変化を捉えてビジネスの戦略的取り組みに徹し、業界初の中国での開発生産によるファブレス電卓販売企業の立ち上げに成功していろいろな出会いや戦略的な展開を学び、「八つのチカラ」の思考習慣を心掛け、一日一生、一日一番の生き方で努力と学びを重ねて参りました。

これまでにお会いした先輩、恩人、恩師、友人、企業人の生き方に接して自らが意識し考えることが如何に大切かを学ばせていただきましたが、「八つのチカラ」による思考習慣を実践することで人生の羅針盤である「生きる力の方程式」という自らの人生物語を歩むことができたのです。

生きがいを持って生き抜くという実体験と、「八つのチカラ」の思考習慣による「生きる力の方程式」の道標に向かっての生活や仕事に努力を重ねていくことは、どのような変化に遭おうとも目標がブレることなく人生の夢や生きがいや満足度が叶えられるものだということを体得しました。

この「八つのチカラ」による思考習慣を実行することとは、「人生は自分のためにある」という考え方や生き方をして、生活していく、仕事をする、研究を重ねるというあらゆる面に応用することによって、あなたの望んでいる生きがいや満足度を満たすことが出来るようになることを実感して欲しいのです。

「八つのチカラ」による「生きる力の方程式」を持つことで、自らが自らを考えて益々変化の多い世界の中で確かな努力と実行することによって大きく羽ばたくことができるようになっていきます。

若ければ若いほど「八つのチカラ」の気付きが出来れば、より早く人生の勝利者への道に近付くことになりますし、自分とは何者なのかを手にとって摑むことで、これからどのようにして生きていくことで生きがいのある人生を手にすることができ、変わりゆく世界に対峙し自らが挑戦し自分脳で人生を力強く歩むことが可能となるのです。

この「八つのチカラ」による「生きる力の方程式」というメソッドは、あなたが今持っている、お金、時間、場所、物、体力、知恵、仲間、欲望という「八つのチカラ」に気付くことから始まり、自らがそれぞれのチカラを育て学び努力を重ねることで、どのような生きがいを持っていけば良いのか、どのような満足度を持つのが良いのかを考え自分そのものをワクワクさせる真の人生を創造し生き生きとした人生を手にすることです。

「八つのチカラ」を漠然として捉えずに、自分の現実の生活や仕事に基づきそれぞれのチカラがどのような分野に係わっているのか、今後どのような領域に自分の「八つのチカラ」を活用し育て上げていけばよいのか、「八つのチカラ」を結集させ目指すところの自分の生きがいへと繋げていくかを考えることは大変重要なプロセスとなり、自分の生きがいとなる人生物語へ纏め上げることです。

自分の尺度や主体的価値観や意味ある情報を織り込みながら、自分の生活や仕事や研究を通して自分の生きがいを求め自分をコントロールし自分の目標へと努力を重ねることです。

生きがいを持った生活や仕事や大切な仲間作りや満足のできる家庭作りや生きがいとしての趣味や研究や体力維持という活動を通して、生きがいのある人生を追い求めていくことです。

「八つのチカラ」による「生きる力の方程式」を描き出し、満足できる自分の納得できる人生を創造されることは大切なことで、そのような生き方や考え方はあなたが生きていく上で大きな武器となるものです。

## 4 「八つのチカラ」を考えて人生の選択を

誰でも人生の選択に直面することは何度かありますが、その時に重要なことは常日頃「人生とは自分のものである」ということと「生きがいを持って過ごすかどうか」によってあなたの人生は大きく異なってきます。

その時点であなたの「八つのチカラ」のそれぞれの状況がどのようになっているのか、今後どのように成長しようとしていこうとしているかを考えることはとても重要なことで、そのことで人生がより具体的に見えるようになりますし、「八つのチカラ」の思考習慣の努力によって今まで見たこともない新たな世界さえもが見える化することが出来るようになります。

人生に生きがいを持って毎日を過ごしているか、満足度を求めて努力し過ごしているかが習慣付けられていれば、あなたは人生の勝者となる可能性があるのです。

あなたの「八つのチカラ」がどの程度に成長していてどのような生活や仕事

を具体的なカタチで捉えられているか、どのような領域でどのように育てようとしているのか、その分野でどの程度の実力で活躍していけるのかということを具体的に見える化することが可能になれば、あなたの生きがいや満足度の内容の質がより高められていきます。

「八つのチカラ」の中で先ずはお金がトップランクに位置されるのですが、どのようにしてお金を稼ぐ力を手にすることが出来る生活や仕事を探し出せるかを考える時に、そのためのコンテンツやビジネスモデルやプラットフォームを見える化することや、お金を産み出せる生きがいとなる仕事はどのようなものなのかが、はっきりと摑めるかが鍵になります。

人生を過ごす上で限られた貴重な時間の中で自分の生きがいのある人生を全うするためや、満足度を満たせるような生活や仕事が得られるのかの目標が立てられれば本当に幸いなことです。

ほとんどの方は忙しいだけで一日が終わってしまい、ついつい漠然と生きてしまい自分の人生を意識的に考えることもしないために、自分のためや自分らしさの為にこのように限りある時間を過ごされる方は実に僅かな人たちです。

「八つのチカラ」の思考習慣を活用して知力や体力作りのリテラシーをして、毎日貴重な時間を自分の生きがいのために100年人生を健康で過ごされる人たちは極僅かですが、人生百歳時代と言われその長い人生の中で生きがいとする生活や仕事に就き、「人生は自分のためにある」と意識し考え自分の生きがいを求め生活や仕事を満足して過ごされることは幸せな価値ある生き方です。「八つのチカラ」の思考習慣を実行されて若くして体力のある内にお金を蓄えられ、満足度の高い生きがいのある仕事に身を置き、自分の尺度を持ち、柔軟な主体的価値観を持ち、意味ある情報を掴み、常に自己革新を求めて生き抜いていくことは幸せな生き方だと思います。

生きがいのある満足度の高い生活や仕事を求め、老後に備えるために体力や知力やお金や仲間を持ち続けることはとても努力を伴うものですが、高齢者となって趣味や旅行や研究やボランティアに時間を費やされるとなれば幸せなことです。

物モチですが、土地、家屋、書籍、古文書、骨董品、絵画、切手等いろいろと考えられますが、この物モチの価値の仕組みを十分に理解することが重要で、リースやレンタルやシェアリングの登場によって物をどのようにして捉えるかという物モチの価値観が異なってきますので、世の中の動きや変化に応じた物についての対応やそのあり方を配慮する必要があります。

場所についてですが、ＶＡやＶＲの普及やコロナ後のテレワークを活用しての仕事の仕方が変化しますので、大きな本社から小さな本社へとか工場を持たないファブレス経営に転換するとか、田園の広がる郊外に生活の場を移すとかの過ごし方も考えられますし、生活や仕事の場所はその人の人生にとって今後は大きく変化していくものと考えられます。

体力ですが、最近では何時までも体力や健康や持続力を得るためにスポーツジムに通う人が増えていますが、近所のスポーツクラブを活用したり自宅で独自のストレッチやスクワットとかをするとか仲間とハイキングに参加するとか、年齢を重ねることによっては生活や仕事の仕方に一歩工夫をされ健康という価値観は自分の身体の機能面の筋肉や血液や骨を高齢になっても何とか維持できるようにするために日頃の運動リテラシーを身に付けることが大切なテーマになっています。

知力ですが、今やいろいろな情報をすぐに入手できるようになっていますが、多彩な仲間や交友から多くの情報が入手できることは生きがいのある人生を求める上でとても価値のあることですが、例えば金融、流通、知的財産、司法というような勉強会や会合に積極的に参加して世の中の動きを知ることのできる現役的な場を維持継続していくことはとても良い事だと思います。

あなたの周りに尊敬する助言者を多く持って末永くお付き合いをされるとか、いろいろな分野の人脈を持ちあなたが困ったときや進路や新しい事業を起こすような時にいろいろな仲間との交友は大変価値のある財産となります。

私はこれまでの人生経験からこの仲間によって私の人生そのものが作られたのではないかと思うほどで、人との間での縁や出来事からいろいろな幸運の機会や指針をいただきましたし、それを機に人生が開けていったという経験をしたことが多くあります。

人生の中で自分を奮い立たせるような好奇心や挑戦を持ち続けさせるのが欲望であって、この欲望は人生にとって重要な原動力となり、サラリーマン時代では個人の欲望や価値観などを気にもせずに会社にどっぷりと浸かり隷従して過ごされている方が多いのですが、もし職務に応じたジョブ型雇用が実現されていけば、成果を上げればサラリーマンでも自分の息子を海外留学させることも可能となり、私の場合ですが40歳で長男がＮＹ大学に留学したいと宣言したことで家族４人が過ごすにはかなり難しいと思い、私は急遽転進し独立を考えその時に初めて人生の価値観とか自らの願望は何なのかとかを真剣に考え、人生の若い体力もある内に自らの価値観を明確化してこの転機に戸惑うこともなく自分の生きがいに基づいた人生の選択を素直に人生設計として纏め上げ、自分の戦略的なスキルを活用し新たな挑戦をして事業を成功へと繋げることが出来ました。

就職先を考えた時とか、リストラにあった時とか、企業が倒産した時とか、父の企業を引き継ぐこととなった時とか、そのような時に自分の生きがいは何なのか、人生の価値観は何なのかとかがはっきり見極められていれば、その転機までに自らの欲望や願望が蓄積されていれば強い意志や意欲を持ち人生の選択に立ち向かって行けるエネルギーが貯えられている筈です。

「生きる力の方程式」の計算結果としての人生の余裕係数というものが人生の

決断力に繋がるものですので、あなたの身の回りにあるあなたの資源を分子にして、これまでに蓄積してきた現実のあなたの「八つのチカラ」のお金、時間、場所、物、体力、知恵、仲間、欲望の総和の実力度を分母にして割ったものが人生の余裕係数ですから、その人生の余裕係数の値によってあなたの人生の選択力や躍進力や活躍力となって、自らを次の挑戦を突き動かす原動力となるのです。

## 5　あなたの居場所つくり

「八つのチカラ」を意識し考えて自分の道標である「生きる力の方程式」という人生物語を描くことを始めることをお勧めしたいと思いますが、そのことを切っ掛けにしてあなたはきっと新たな世界へと飛び立ち、あなたのベストな生きがいのある満足度を満たす生活や仕事を手にすることが出来るようになっていくと思います。

その為に「八つのチカラ」のお金、時間、仲間、場所、物、体力、知力、欲望を意識し考えて、そのチカラをどのように見て、変化を捉え、分析し、関連づけ、心の動きをみて、物語化するかという「第六感の思考プロセス」を活用して、あなたの人生をより具体的に見える化し目標を立て計画を作り努力を重ねていくことに挑戦することです。

そのことを繰り返し実行していき積み重ね、努力と行動をすることが人生そのものでありそのことを遂行することによって人生の勝利者になれるのです。

今あなたがどのような環境の中で生活していて、自分の八つのチカラを如何に工夫し活用し自分の実力と可能性を掴みしっかりと育むことが大切です。

あなたの生まれた状況や過去の体験や環境やそれまでの社会から受けた影響や今までに学んできたことを思い浮かべて、「八つのチカラ」がどのように変化し今日に至っているのかも含め整理され理解し弱いところはより強くする努力を重ね学び努力を積み重ね目標と計画を立て実行することです。

その上で「八つのチカラ」がどの様なカタチや能力として育ってきているのかを把握し、その目標を高めて学習と努力を重ねていくことが重要です。

学習内容や体験を整理し今の自分の立ち位置を明確にして現実の「八つのチカラ」の実態を認識し、今後どのようなことを学習し努力することによって「八つのチカラ」がより進化していっているかを自覚しより飛躍されることです。

自分がどこでどのようにして生まれてきたのか、自然や家族の豊かさの中で生活をしてきたのかとか、生まれた家の状況によっていろいろと自分の存在や活動範囲が異なってきますが、私の場合、小学校時代は家族7人が6畳と3畳の2部屋で生活していて自分の自由度などはなく勉強机もなく十分に納得した勉強も出来なかったのですが、近隣の環境や友達はどのような状況であるのか、静かな自然の田園の中で育ってきたのか、下町の中でいろいろな人から影響を受け育ってきたのか、このようなことが人生で可なり影響を受けますので、「八つのチカラ」を確実に捉えて自分という人物像を正しく認識することです。

この生まれや育ちということは自分では選べない要因であって、そのためそれぞれのチカラが人によって大きく異なったものになっていて、父母の愛情、祖父母の愛情、家柄や家系という生まれ育った環境は動かし難い存在でありそこを人生の出発点として捉えた上で、どのような領域で生きていきたいのか、より勉強してより能力や才能やスキルや体力を高めたいとか、自分の生きがいや自分の目標に挑戦してみたいとかをより具体的に考えることは自分をより強く成長することに繋がりますので、学生時代までに自分が学ぶべき領域や範囲を明らかにし、弁護士や公認会計士とかの資格を取得するとか、国際人材として活躍するためにＴＯＥＩＣ９００以上の語学力を身に付けておくとか、社会へ出る前に自分をより強くするスキルや能力を育て世界に通用する人材として活躍できるように努力をされ、将来の自分作りの基礎を築いていただきたいと思います。

成長過程で小、中、高、大学の校風に触れ人格が形成されていくことや、先生の人柄によって好きな学科や進路までもが影響されたり、学友の人柄や学友の趣味やスポーツによって興味ある事が影響され感性や好奇心や意志力が変化したりしますが、このような学習の過程で如何に興味と努力を持って「八つのチカラ」の質や量を大きく変化させる努力を大いに重ねることは大切なことです。

自らが育っている社会や時代の状況によってあなたの人生は大きく左右され

ますが、あなたの生きている時代が平和なのか私のように第二次世界大戦の真っただ中で生まれ敗戦後の荒廃の中で育ったとか、グローバル化が進んでいる現代に育った若者だとか、コロナやウクライナ侵攻の世界を肌で感じている中で育っているとかでは大きく異なった育ち方になっていきます。

日本が世界の中でどのような位置付けになっているのか、どのような方向に進もうとしているのかでもあなたの生き方が大きく異なっていきますし、私の場合では初めての東京オリンピックが開かれて日本経済が急成長を遂げて、日本の大企業が世界をリードし高度成長化してそのような中で大学生活を過ごしてきた場合とか、現在のようなIT、AI、IoTによるデジタルトランスフォーメイション（DX）社会の中で大学生活を送っている方たちとでは生きがいや人生の満足度や欲望のあり方や考え方が大きく異なったものとなると思います。

あなたの生きがいやあなたの「生きる力の方程式」の出発点の生まれや育ちや環境を乗り越えて世の中がどの様に動いていくのかということを把握し理解し、経済学や経営学や統計学や心理学や語学を学習し身に付け自らがどのような仕事に就き生活していくのかを考えることは重要なことですし、あなたの人生の出発点から現在に至るまでの学習や体験を通じ自分の尺度を持ち主体的価値観を持ち、意味ある情報を掴むことで現状がより深く認識できるようになりより自己革新を進めることが出来るようになると思います。

その上で自分自身の進路を定め業界の先駆者になるとか、実業家になるとか、政治家になるとか、教育者になるとかの進路を思考することは重要なことです。

人間は自分なりの居場所を持って生き抜いていくことが大切であって、身体にしても血液、骨、筋肉に対して日頃毎日の運動やストレッチやスクワットやマッサージや歩行運動という毎日の運動リテラシーによって継続的に努力を重ねることは、何時までも自分の体力維持増進がされて自分の居場所を作ることに繋がり大切な生き方で健康的な人生の居場所を作ることに成ると思います。

毎日英語や中国語を学習したり、自分なりの研究分野として量子コンピュータや半導体の領域を定めて学習することも自分の居場所を持つことに繋がりますし、私が毎日時間を掛けて部屋やトイレやお風呂の掃除をしていることも自分の居場所作りであって、そのことで掃除の仕方や清潔度を考えたりして努力することも自分の居場所作りに繋がるものと思っています。

若い段階から運動や歩行や勉強や研究や趣味の学習リテラシーを持つことで、自分の体力や知力を維持増進することが可能になりまた食事の栄養を配慮して行けば老化を防ぎ何時までも若々しさを保つことが出来ると思います。

「八つのチカラ」による思考習慣を若い段階から続けていき、「人生は自分のためにある」のだと自覚されて「八つのチカラ」を意識し考え、あなたの生きがいや満足度が遂行できる生活と仕事を求めて努力を重ね自分ならではの趣味や体力のリテラシーを持って生活することは、「人生は自分ためにある」という人生に挑戦することとなのだと思っています。

## 6　あなたの「八つのチカラ」の現状は

今まであなたは生きていくという取り組みを漠然として捉えていなかったでしょうか、自分の持っている「八つのチカラ」を真剣に意識して考えていたでしょうか。自分とは何者なのかを考えたことがありましたか。自分の生きがいは何なのか、どのような生活をしたいのか、どのような仕事をしたいのか、どのような職種を選べば自分の能力やスキルを生かすことが出来るのかということを考え自分と真剣に向き合って現状の自分の姿を把握したことがありましたか。そこを出発点として自分の「八つのチカラ」を明確にしてそれぞれのチカラをどの様に活かし育てていくことがベストなのか考えたことがありますか。どのような生き方で生きていけばよいのか、そのためにどのようなことを学び努力していくべきなのか、という自分の人生物語の姿を具体的に描き出し目標や計画を立て努力することが自分の人生を開くことに成るのです。

その為には自分の持つ能力や才能や体力をいかにして認識することから始めるのですが、その為には自分の尺度を持つこと、主体的価値観を持つこと、意味ある情報を掴む力を持つことですが、このような物事の本質を捉え考えることによって自分の実像をより的確に掴み切ることです。

## 1、自分の尺度を持つ力

あなたの生活に、テレビ、ケーブルTV、映画、新聞、雑誌、インターネット、ユーチューブ、SNSという様々なメディアを通してあらゆる情報が飛び交う中で、学び、影響を受け、自らが求めているものを取捨選択することができる自分の尺度を切磋琢磨して作り上げていき、自分の生活や仕事の将来像を描くことや、自分の活躍したい領域を求めてみることや、自分は何者になろうとしているのか、何を研究テーマとするかを探し求めてください。

世の中に存在するいろいろな矛盾と出会い理解に苦しむようなことにぶつかったりしても、豊かさVS貧しさ、楽しさVS悲しさ、優しさVS厳しさというような両極をも理解しうる力を養い、矛盾を矛盾としてだけで受け止めることなく矛盾の両極を常に見とどけ、人の意見を聞き、分からないことがあれば学習し心の幅を広げていき、生きていく上での自分の尺度を育てバランス感覚のある、自分をコントロールできる人材に育っていくことです。

## 2、主体的価値観を持つ力

これからの人生であなたの強さや弱さを知り、自分の弱さを強くしながら自分の生きる道を探し求め、社会で働く上での必要とする語学力や経済学や経営学や統計学を学習し、弛まない学習と努力を重ねてより強い自分の生き方や価値観を身に付けて生きていく上の忍耐力や苦境に対峙する新たな能力の育成に繋げていくことで、あなたの主体的価値観が豊かに創造されていきます。

その上で他人に頼らない自己責任で考えられる強い自分による判断ができ、バランス感覚のある行動が取れ集団に流されない主体的価値観を持った行動が取れるようになります。

## 3、意味情報を摑む力

私たちは文章や理論や主張の意味が分からないとか、注目を浴びている人物のバックラウンドやキャリアや成り立ちが知りたいとか、興味のある企業がどのような新技術や経営戦略に取り組んでいるのかを知りたいとか、その企業がどんな人材を望んでいるのかとか、そのような企業に応募するにはどのような知見や能力を高める必要があるのかとか、誰もがインターネットを通していろいろな角度や観点から的確な情報を摑める時代になっていますが、誰でもが情報を検索し誰もが学べる時代の中で、自分の夢や生きがいを摑むための可能な限りの知見を得るための学習と努力を重ねることによって生きがいや満足度のある生活や仕事を探し求めることが出来るようになっていきます。

「人生は正に自分のためにある」ことなのだと深く理解することが重要で、自分の心を動かすような情報や自分が求めようとしている情報を自らの手で摑むことで、問題や課題を解決へと繋げることが可能になっています。

的確な情報を摑めるようになる努力と経験を重ねることで、あなたの人生の課題や問題の解決の糸口を摑み生きがいのある満足度の高い生き方を自らが考え出すようになりあなた自身の人生物語を迷うことなく描くことが出来るようになり、あらゆる情報の中よりあなたの生きがいや満足度を満たせるような意味情報を的確に摑むことが出来るようになります。

今やＩｏＴのような便利な価値ある環境が作られていますので、努力次第で自分を強く育てることや自分脳で考えて決めることや情報を的確に選択することができるようになっていますので、あなたの人生はよりもっと時代に合った生き生きとした豊かなものとすることができるのです。

この意味情報を摑む能力が高まれば高まるほど自分の夢や生きがいが語れるようになり将来の自分の姿を描き出すことが出来るようになり、いろいろな情報の中よりあなたの生きがいに繫げられるような知見を必然的に摑めるようになりますので、自分の人生物語を描き出し目標や計画を作り出すことが可能になっていますし、最適なビジョンを作ったり人生のシミュレーションをするとかが容易になっています。

その上であなたの生きがいのコンテンツが何なのかそのコンテンツをどのようにして活用すれば自分の生きがいへと繫げられるのかという人生モデルが描けるようになり、その人生モデルを具体的に遂行するための人生のプラットフォームが構築されていくのです。

# 第三章　生きがいの人生

## 1　生きがいを求めて

１９８９年中国の台頭を予期して、電卓を中国で開発生産し日本で企画販売をするというベンチャー企業を立ち上げる時のことですが、オーロラの商標権を取得することが販売権を獲得する唯一の条件でしたが、その交渉が暗礁に乗っていたところに半導体工業会の友人が間違って交渉中の会議室に入って来られてその交渉を取り纏めていただき販売権が獲得出来たのですが、このように縁という出会いによって急に交渉事が解決に向かい前が開けました。

また大型量販店ダイエーに3年間引き合いも無いままに電卓の売り込みで訪問を繰り返していましたが、創業祭のチラシの目玉商品がメーカーの都合で出せなくなりその代替品としてオーロラ電卓が起用されることとなり、初の一括20万台の商談が突如決まり大きく事業が開け、それを切っ掛けにオーロラ電卓が全国区の商品として大手量販店やホームセンターやコンビニ市場を席巻することに成りましたが、このようなことは努力に努力を重ねている内に奇跡のような成果が起こり、今思うと人生とは努力の積み重ねなくして幸せを勝ち取ることは出来ないのだとつくづく感じています。

生きがいや目標を定めてあらゆる努力や行動を積み重ねていると、突然助けてくださる人が現れてきて物事が完遂されていくという人生とは摩訶不思議なことが起こるものなのだと思っています。

努力を重ねて生きていくということは、目標を定め計画し狙いを定め努力を重ねることですが、当初は中国製の電卓の販売先を既存の文具店や事務用品店を通して販売を試みようとしましたがけんもほろろで、大手の電卓メーカーC社とS社とは勝負にならないと心底より実感し、それまでは食料品しか扱っていなかった大型量販店のダイエー、ジャスコ（イオン）、イトーヨーカドーが、私の独立の半年後の１９９０年より生活雑貨品を取り扱い始めるとのことでダイエー、ジャスコ、イトーヨーカドーに売り込み先を定め、先ずは販売の突破口としてダイエーに絞り3年間を毎日訪問を繰り返していましたが全く実績が出ることもなく商品や製造工場のＰＲ活動をして訪問を繰り返していたのですが、どんなことがあっても根気よく訪問を続けていたお陰でダイエーの大創業祭のチラシの他社商品の穴埋めではあったのですが、千載一遇のチャンスを手にして一括20万台の受注に成功し、その時に大手新聞の全国チラシでPRされたことから、そのことが全国区の商品となる起爆剤となり、その後年間350万台出荷する事業にまでに成長することになったのです。

ダイエーのMバイヤーさんに3年間も受注もない中で毎日のように商談の機会を得るために訪問を繰り返し商品の性能・機能や中国工場の品質の作り込みの実情を説明し、特に半導体の基板洗浄に加えてチップのボンディング後にも基板洗浄するという二重洗浄工程を推進したことで一段と品質が向上し、1000個の電卓に1個の不良品も出なくなった実状を見てもらいたいということで中国の上海工場の見学をお願いし実際に見学していただくことになりました。

その当時通常2000円で販売していた電卓を独立当時では為替変動が230円/$から78円/$の超円高が突如起こったことから価格破壊を思い付き、398円という驚異的な低価格電卓の提案をしてチラシの目玉商品に採用され、オーロラ電卓は全国区で認知されその成果で老後のための財力を備えることができたのです。

その間にと特許庁の二つの実務研修を修了し、特許コンサルタントの称号を取得し、自営業として生涯現役の生活の基盤を作る備えをしました。

その頃はユニクロやダイソーもない頃で中国工場を活用するような商品は少なく、業界初の日本で商品企画をして中国生産による低コストの人件費を活用した輸入販売という画期的なビジネスモデルを展開し、それに加え為替が２３０円／＄から78円／＄という国をまたがる為替変動のチカラから超円高の乱高下を活用し価格破壊を展開するという戦略手法を考え出しました。

独立という幼少のころより抱いていた一国一城の主になるというアンビシャスを持っていましたが、長男がＮＹ大学映像学科に留学したいという夢を叶えてやりたいと思い25年間のサラリーマン生活から独立経営に舵を切り、中国製電卓の販売を具体化することを考え販売展開をして、国内初の消費税実施の段階で消費税電卓の特許を取得し大型量販店ダイエー、ジャスコ、イトーヨーカドーで価格破壊によるビジネスモデルを展開し電卓事業を成功させたのです。

日本は急激な人口減少と高齢化社会を迎え、ウクライナ侵攻をはじめ感染症社会という混沌とした世界の中で、生きがいを求めて生きていく為には「八つのチカラ」の思考習慣を自分のものとし人生の道標「生きる力の方程式」を描き出し自分脳で考え自分脳で決断する人生が必要になってきているのです。

先ずはあなたの原点に立っていただき、暗黙知の世界の中からあなたの「八つのチカラ」を真剣に考えていただき自らの持っているチカラを摑むことです。（WHAT）

「八つのチカラ」の思考習慣によってあなたの夢の人生物語を描き出し生きがいを描きその実現に向けて全力で努力を重ね、自分の尺度を持ち主体的価値観を持ち、意味ある情報を持って自分の持っている「八つのチカラ」を活用し、目標と計画を持って学習し自分の生きがいを求め努力を重ねていくことです。（WHY）

独立した時の例ですが、販売する先を何処に決めるか、商品の特長を小型で卓上型にするのかという商品機能をどうするか、どのくらいの販売価格とするかを具体的に戦略として見える化し、自分の電卓事業のストーリーを作り事業設計をして努力を重ねていきました。（HOW）

その結果、生きる力のコンテンツやビジネスモデルを考え実現することで、人様から信頼され人生のカタチとしての生活や仕事や趣味によって満たされる人生基盤を描き出し人生のプラットフォームを築きました。（ＤＯ）

私の場合は、サラリーマン時代、ベンチャー企業時代、特許コンサルタントの自営業時代という三つの生き方を選択し生きがいのある人生を歩んできましたが、三つの人生を過ごして何とか良い方向に向け実行出来たことは、常に「八つのチカラ」という思考習慣を携え自分の「生きる力の方程式」を考え出してその道標に沿って人生の目標と計画を持ち、努力を重ねて「11回目の法則」と呼ぶ何が有ろうとも11回実行すれば必ず目標を手にすることが出来るという弛まない努力を重ねてきたことで、生きがいと満足度を求める「生きる力の方程式」にチャレンジしてきたことで今の人生があるのだと思っています。

サラリーマン時代では、大手企業だからこそ体験できる世界初の超高速ファクシミリの開発と、欧州や日本での販売網展開や米国市場での販売網基盤作りの経験と成果を得ることができましたことに感謝していますし、世界を舞台にしての人、物、金、情報を活用して数々のコンテンツとビジネスモデルやビジネスプラットフォームが実現できたことは、ビジネスマンとして大いに意義あるサラリーマンの25年間であったと思っています。

ベンチャー企業時代では大型量販店が初めて生活雑貨製品を販売するというエポック的な機会に出会い、狙いの販売先を大型量販店としたことや、日本に雑貨量販店のホームセンターが登場したことや、為替による急激な歴史的超円高に遭遇して中国の安い人件費による低原価を獲得しかつ超円高を活用による価格破壊によって、電卓販売ビジネスを成功できたのだと思っています。

第三ラウンドの自営業時代では、特許コンサルタント業をする中でお客様の新技術を聞き取りながら特許出願の重要な請求項を捉えることや、明細書ではその背景や技術的根拠を明確化しその上で要約書を書き上げるというスキルを磨き上げましたが、新技術に関するコンテンツとビジネスモデルにまとめ上げる思考回路を学習し特許出願を申請するというノウハウを身に付けさせていただきました。

50歳からのことですが、趣味の世界ではこれまで30年以上もの間文房堂の油絵教室の学生として、年にF15号クラスの油絵を10点以上描き、毎年十条駅の近くのカフェスペース１０１で十数年間毎年４月の１ケ月間の個展を開かせていただきましたし、２０２４年からは神保町の文房堂の４階の展示会場を活用して３年に一度のビーズと絵画展を開催することになりました。

また文芸社のお力を頂いて、『マルナゲ　企業特許の真実』、『自分脳で勝つ生きる力の方程式』、『見えない世界―消えた特許』上下巻、『昭和の贈り物』、『人生は冒険だ―生きる力の方程式』を含め10冊を出版できたことは、仕事の成果以上に嬉しいことと思っています。

これからも油絵や出版に力を注ぐ覚悟ですが、このような趣味への欲望は自分を支える原動力となっていますのでこれからも続けていきたいと思っています。

これまでのように、多くの油絵仲間や文芸関係の仲間に恵まれて趣味の世界を切り開き自分の人生の幅を広げて末永く楽しく豊かに過ごすことが出来れば、本当に幸せなことです。

## 2　サラリーマン喜怒哀楽

昭和41年に社会人となりサラリーマン生活がスタートしましたが、その頃は社長が殿様のように見えていて企業が社員1人1人の強い支えによって成り立っているように見えました。

当時は営業マン教育やマニュアルも不十分で先輩のやり方を見様見まねで学ばなければならなかったのですが、何故か朝7時から夜10時過ぎ頃まで可なり長い時間会社にいたようです。

昭和50年代になると市場が拡大し、競合も含め戦略性が重要となり日夜を問わず何事にも全力で走り続けていましたが、昭和50年代後半から国際化の波が押し寄せて私も米国駐在生活となり、商品を輸出することから自らが販売網を作り自らの商品を自らが販売する時代へと突入し、異国の文化の中で販売網や販売管理をするというビジネスへと真正面から取り組むことになりました。

冷戦が終結し世界は大不況に突入し各企業は不透明の中で生き残り戦略を模

索していましたが、このように振り返ってみると日本から世界へと激しい企業競争が展開され、環境や経済や政治が変化する中でサラリーマンは決して楽なものではなく常に自己革新を遂げながら活躍していましたが、まさしくそれは「サラリーマン喜怒哀楽」の連続であったのではと思っています。

その後バブル経済が弾けそのことによって私はサラリーマンを脱出し、13年の間上海で電卓の開発製造をして、日本で大手量販店やホームセンターやコンビニに中国製電卓を売るという事業を展開し納得のいく年間３５０万台販売の事業を築き上げることが出来ました。

その後円高から急激な円安となり採算が悪化すると予測し企業の譲渡をして、次の人生のためにと特許庁で２年間の２回にわたる特許実務研修を終了し特許コンサルタントの称号を取得し、ＪＡＸＡに３年間勤めて特許取得と人事評価のリンクした人事制度の改革に取り組み、特許申請の必要な技術と内部秘密技術とに選別する評価委員会を設置して特許申請経費を節減することに貢献しました。

その後吉岡特許事務所の特別顧問として20年間以上を勤めて特許出願申請を

マスターし、中小企業の特許による技術戦略経営の支援に努めました。

これまでの私の生き方は、サラリーマン時代の喜怒哀楽の中でグローバルな戦略的体験を習得して独立し、事業戦略家という道を歩み40代後半から100年人生の備えとしてのお金や仲間や趣味をもつことが出来ました。

独立後は苦しみながらも販売戦略の展開や戦略課題を解決しながら成果を上げることが出来たのは、積み重ねてきたサラリーマン時代での喜怒哀楽の努力と、人生で、お金、時間、仲間、場所、物、体力、知力、欲望を大切にする生き方の「八つのチカラ」の思考習慣を自分の毎日のリテラシーとして意識し考え、経営と自分とが一体となって真正面から取り組んだお陰で乗り越えてこられたのだと思っています。

サラリーマン生活では、結婚そして子育てという家族生活を妻の支えによるお陰で、米国の販売網つくりや画像エンジン開発販売といういろいろなプロジェクトを成し遂げることが出来たとつくづく思っています。

その後独立し自営業を可能としたことは、妻との同志としての大きな支えがあったことと長男広喜のNY大学映像学科への留学を可能とさせたことや、子

私は45歳で独立し、上海で電卓を開発生産し日本で商品企画し国内の大型量販店ダイエー、ジャスコ（イオン）、イトーヨーカドーに電卓を販売するという事業を展開し、急激な為替の乱高下に直面し230円／$から78円／$となったことで業界初の価格破壊をして2000円もした電卓を398円で大量に拡販し年間350万台を出荷して念願の100年人生への備えが出来ました。

その13年後には130円／$となり上海工場のコストダウンが追い付かず急激な原価高となり、発注ロットが一機種5000台であったのが10000台となり採算を抑えることが難しくなると予測し事業譲渡を決断しました。

その間に特許庁の特許実務研修を2年間受講し特許コンサルタントの称号を取得し、13年間の電卓販売事業に終止符を打ち特許コンサルタント業へと転進したのです。

常に心の姿勢を保ちながら「八つのチカラ」を考え自分の道標を見直し、新たな「生きる力の方程式」を描き出し更なる生きがいを求めて姿勢を崩すことなくひたすらに努力を重ねていったのです。

心の姿勢を保っていくには「八つのチカラ」を常に意識し考え、自分の人生物語を常に描き出し学習し努力し、心身の維持のために心と身体と学習のリテラシーを継続的に続け、新たなる自分の「生きる力の方程式」に向かって逞しく生きていくことに努力を重ねることになりました。

## 4　個の創造

サラリーマン時代に5年間の海外駐在の経験をして、人を動かす上での効果的な動機付け策としてコンペンセイションプランとコミッションプランという、販売員への給与報酬手法やジョブディスクリプションをベースとしたジョブ型雇用システムを学びました。

当初販売組織もないたった15人からのスタートでしたが、3000人を擁する直販と代販の販売組織の基礎を作り上げ、全米FURTUNE500社の大手直販組織と1000店の代理店網の販売プラットフォームの基礎を築きました。

お陰様で外国人との商談や経営戦略の展開に英語でのコミュニケーション力

は自信が有り、販売の先端で活躍しました。

独立後は中国上海の地で英語を活用しながらコミュニケーションをとり、開発体制や品質管理や生産を徹底させて、日本では企画、マーケティング、営業、受注業務、工場への発注管理、キャッシュフロー管理、銀行管理業務と多くの業務を掌握することが出来るようになりました。

このような成果を上げることが出来たことは、サラリーマン時代での国内海外でのあらゆる業務の体験を通じて高度なノウハウやスキルを身に付けさせていただいたからだと有難く思っています。

ただサラリーマンでは土・日を返上して夏・冬休みもない中で家族と過ごすことが少なくただひたすらに会社や仕事のための人生であったのですが、独立しても全く同じような仕事の連続でしたので、その辺では家族を労るという配慮に欠けていたようで反省しています。

サラリーマン時代は仕事上で個の創造という分野では、産能研の研修やマッキンゼーのビジネススクールＭＢＩ研修や禅寺９日間の研修や海外でのＩＢＭ研修や３Ｍ研修を通して、販売スキルや販売戦略を学ばせていただきました。

45歳で独立し電卓販売事業を展開して成果を上げることが出来ましたが、50歳より少し時間を探して油絵と文筆活動に趣味を求めましたし、特許庁で2年間の実務研修を修了して特許コンサルタントの称号を取得したことから13年間黒字経営の電卓事業を譲渡し、特許コンサルタントの自営業に転身し、かなりの自由な時間が取れるようになり油絵と文筆活動がより一層順調に進んでいくことになり、自分が求めていた人生を通じての「個の創造」をテーマとした講演や文筆活動を含めた「生きる力の方程式」の研究に力が注げるようになり、油絵や文筆活動や人間としての心の豊かさへの備えが充実できて素晴らしい仲間もできて豊かさのある優しい人生の世界を過ごせるようになりました。

人生には何が起こるかも分かりませんし何が自分に降りかかってくるかも分かりませんが、そのような難問や壁が立ちはだかってきても「八つのチカラ」を意識し考える思考習慣のお陰で、「個の創造」という自らが没頭出来るような趣味や小説や研究という幅広い充実感のある世界に身を置くことができ、新たな生きるエネルギーが貯えられ何が起ころうとも何とか乗り越えられる人間性や胆力や思考力が備わり、力強い生き方が出来るようになったと思っています。

「八つのチカラ」を意識し考えることによって自分の生きがいとなる人生を考え、自分の「生きる力の方程式」という道標を持つことによって、学習や努力を重ねることが出来るようになったことに本当に感謝しています。

# 第四章　人生の贈りもの

## 1　私にとっての米国と中国

私は小学5年の浦賀での夏季学習に参加してペリー提督の日本上陸のことを知り、この地から日本の開国が始まったと学びそれ以来米国に渡ってみたいという思いが高まり、自宅の屋根に上り空を眺めながら雲に乗ってアメリカに行って働きたいと思うようになり、中学1年となるとその想いが途轍もなく強くなってしまい、遂にホワイトハウス宛に手紙を書くことになり驚いたことにはその返事が届き米国大使館から面接の要請があり、驚きと恐怖心でそのことを姉の玲子さんに密かに打ち明けたのですが結局その面接を1人で受け米国留学招聘が決まってしまったのです。

しかし母はそのことを知り、2ケ月半の間毎日泣きながら反対するばかりで泣く泣く渡航を断念したのです。

その私の思いが通じたのでしょうか、リコーに入社して3年目に1976年の米国200年祭の年でしたが、米国の事務機市場調査1人旅のチケットを手にして3ケ月半の米国市場調査の旅の体験をすることになりました。

その初めての米国入国時に通関のスタッフが私を抱きかかえて歓待してくれたのですが、そのことは中学時代の渡航を申し出た少年だと通関のスタッフが分かったことからなのだと思っています。

二度目の1975年の渡米で家族と一緒に米国駐在5年間を過ごすことになったのですが、超高速ファクシミリの販売活動の中でホワイトハウスへのFAX270台（8億2000万円）の売り込みをしている状況の中で、突然NJのリコー本社に政府の高官が来社され、あの少年があなたなのですか、と問いただされて随契で決まってしまい即納入となったのですが、米国という国の心の広さ豊かさには感謝するばかりです。

このように戦時中に生まれ終戦の東京の廃墟の中で育った私は、アメリカという国は人には説明できない程の大きな繋がりを持つ国であって、何時までも愛する国になっています。

また私にとっての中国ですが、「中華思想」「広大な大地」「14億人の人口」「21世紀の大国」「貧富の格差」「南沙諸島、ジブチへの基地拡大」「一帯一路」

「台湾の中国統一化」が頭に浮かびますが、私の初めての中国への訪問は中国との国交樹立がされた時のことでリコーのトップから何としてもFAXを売り込んで欲しいとの強い要請があり、兼松江商のスタッフと一緒に何度も足を運び深圳の珠海に業界初の３７００台の高速ファクシミリ（11億円）を納入しました。

またサラリーマンから独立して13年間というもの、月に1回は成田から上海に飛び、金、土、日の2泊3日にて上海工場で新製品開発ミーティングに参加し、消費税電卓やキティー電卓やスヌーピー電卓の開発をして、ダイエーやジャスコ（現在イオン）やイトーヨーカドーに電卓を販売し年間３５０万台出荷する事業にまで成長させましたが、今考えてみるとよく何度も飛行機に乗り込み13年間もの間に異質な中国人とビジネスが出来たものだと自分ながらに感心しています。

というのも変な話なのですが、品質を上げるためには先ず上海工場のトイレ清掃の仕方を指導すべきだと思い自らが指導しましたが、１ケ月も経つと元の木阿弥となってしまったり、中国人の生活習慣振りやビジネス慣習が異なることから毎日がトラブルの連続でしたが、その都度忍耐力を持って市場の情報を伝え開発製造の品質向上や改革を自らが示して商品開発や事業経営革新を指導して、最終顧客とはとか、市場をどのように満足させるのかとか、を掘り下げて説得することで品質を作り込むことの大切さを手に手を取って諦めることなく指導して、工場のラインの1人1人に一口標準を作り各人に品質責任を訴え、各個人に品質向上を徹底しその大切さを訴え努力を重ねたこと、電卓の基板洗浄をした後に半導体をボンディング後の基板を再度洗浄することを提案し、3年がかりで不良品の出ない商品が出荷できるようになりました。

13年間中国人スタッフの力を結集させ即実行に結び付け開発についても、私は会社の寮に泊まってその隣の部屋に開発グループを集め寝ずに開発指導をして、企画や生産の改革努力を一緒になって実行し相手を信じ尊敬し、常に事実を示すというスタンスを持つことによって指導をして事業を乗り越えて自分の出来ることを全力で取り組みました。

私は社会人のスタート時期に山口県の地で新ビジネスのLPガスメーターの販売を立ち上げましたが、米国でも米国人の中にたった1人で飛び込み米国市場を開拓し直販代販の販売網を築き上げましたし、独立した時にはたった1人で中国に乗り込み中国製電卓を開発・生産し、日本の大型量販店ダイエーやジャスコ（イオン）やイトーヨーカドーで販売し大型量販店市場やホームセンター市場やコンビニ市場を席巻しました。

1976年頃の米国は日本企業がまだ進出していない時期であって、米国市場に超高速ファクシミリの試作機をテスト販売してその市場調査を3ケ月半に亘り市場性を確かめ世界戦略を提案し、1976年より家族で米国駐在を5年間経験し真っさらの米国市場に事務機の販売網を構築して超高速ファクシミリの全米市場NO1シェア獲得に成功させることが出来たことは、心底米国を愛していたから出来たことなのではと思っています。

1987年に独立して中国製電卓販売の国内ビジネスを始めましたが、上海で品質の良い電卓の生産をする為に先ず納入された基板洗浄を行い、ボンディング後の2回に亘る洗浄をすることを業界初で実現させ、品質を確保し常に相手を信じ尊敬し事実をベースにした姿勢で上海工場と取り組んでいったことから出来たことだと思っています。

ただ中国と取引をしていて本当に苦労したことは、工場で工員さんが落とした不良部品を拾ってしまいそれを良品部品の中に混ぜてしまうという行為があることを発見し、そのような行為を改善させるのに可なりの時間がかかりましたが、工場全体の品質を向上するためにも工場内の通路やトイレや倉庫をきれいに清掃するという習慣付けをさせることが原点だと思い指導を徹底しましたが、このようなことは並々ならぬ努力で工程ごとに働く作業者に一口標準を作成し机の前に貼ったことにより、かなりの改善が図れたように思っています。

私の人生は戦中に生まれ敗戦後の廃墟の中で育ち、大学を出ると米国と中国とに自分の人生の相当な部分の時間を費やすことになり、グローバル化の時代に開発や品質面や販売に貢献が出来たのではと思っています。

## 2　人生の第三ラウンド

私はリコーで25年間のサラリーマン時代を過ごし、その上でベンチャー企業オーロラを立ち上げ13年間を経営しましたが、その頃に上海工場の中国人のオーナーが不動産事業に手を広げ過ぎて失敗したという情報を耳にしたことと、為替が78円／$から130円／$という急激な円安となり25%以上の原価高となり今後の経営の舵取りに不安を感じ、私はオーロラの代表を退き1ケ月で銀行保証額2億円の手形を現金化して支払いを完了し、経営を譲渡し次の自営業の特許コンサルタント業へとスイッチを切り替えました。

それからは友人が発起人になって設立した100%オーナーの「株式会社ラピカ」（アメリカではラピッドの速さという名称のファクシミリ販売会社ラピファクス社の経営をしていたことからその頭文字とカワウチを重ねてラピカとしました）を特許コンサルタント企業として展開しましたが、現在では「株式会社オフィスラピカ」として長男広喜が代表者となり私は会長としてテレビ番組と映画を制作し、劇場映画として2作品の『口裂け女 in L.A.』と、AKB ShortShorts project『9つの窓』を製作し、TVはNHKワールドTVとNHKエデュケーショナルの作品で、「TOKYO EYE」や「Where We Call Home」の番組制作をして、最近ではNHKワールドTVの「Dive in Tokyo」のレギュラー番組を制作しています。

その間に特許庁の2年間に亘る二つの特許コンサルタント実務研修を修了し、特許コンサルタントの称号を取得して3年間ＪＡＸＡでの特許コンサルタントを務めて、ＪＡＸＡの特許取得と昇進とがリンクした人事制度を改めていただき、技術評価委員会を設定して特許を取得すべきものと政策的に特許取得しないものとの技術評価をすることにして特許費用の経費削減に貢献しましたが、その後中小企業の特許出願支援活動を展開して今日に至っていますが、その間に（株）日本アイアールでパートナー兼知的財産活用研究所所長として10年間兼務し、（株）サンコーパテントリサーチのエグゼクティブ顧問として20年間勤めていました。

この第三ラウンドの自営業となってからは自由な時間が出来るようになり、趣味の油絵や文筆活動やストレッチやスクワットや腹筋運動や1日5000歩の歩行運動や般若心経の読経と不動明王の御真言という肉体と心の健康のリテラシーを取り入れた生活を過ごすようになり、学習や「生きる」をテーマとした研究をしながら仕事に趣味に旅行にと人生を学び楽しみながら正しく人生の第三ラウンドを生き生きと過ごすことになりました。

常に体と心と自分なりに適した睡眠のとり方や運動の仕方を調整しながら健康と心の健全継続と「生きる力の方程式」の研究に努力を重ねています。

学生時代は徹底して学習や研究に努力をして、サラリーマンでは世界を回りながらビジネスのスキルや交渉力や管理能力を高め超高速ファクシミリ開発と販売に貢献しました。

独立してからは経営者として100年人生への備えのために、中国製電卓を大型量販店やホームセンターで販売し全力で稼ぐことに注力しました。

60歳になってからは特許コンサルタントとして自由業のような形で仕事をして、趣味や旅行や食を楽しむ生き方に臨むことにし、「八つのチカラ」の思考習慣を意識し考えて何事も学習しながら心と健康のリテラシーに努力を重ねるという人生を味わいながらの100年人生を過ごすというテーマを持ち、「八つのチカラ」の思考習慣と一日一生一日一番の思いで生き抜いています。

さあ、進もう、今日もまた冒険が始まる。

## 3　趣味を持つ楽しみ

今、油絵や文筆活動や5000歩の歩行運動や般若心経の読経やストレッチやスクワットという自分自身の生きる取り組みをしていますが、その時、その場で、自らをリセットして自らの生きがいの世界を描き自らを前に進め、「八つのチカラ」による思考習慣を取り入れて、自分の人生の道標「生きる力の方程式」に沿いながら毎日を過ごしています。

社会人として壁にぶつかった時のことなどがありましたが、米国駐在時で事務機販売会社（ラピファクス社）の経営をしていて、技術革新により商品がコンソールからデスクトップの超高速ファクシミリに切り替わる時期となり、そのような時期にOEMとしてAT&Tに売り込みに成功し、その上に広い米国で直売だけではなく新規に代理店販売も加える必要があると考え、販売体制を大改革したところ直販の社員から猛反発を受け脅しや脅迫絡みのことを受けましたが何とか現地の組織の長を説得し1000店の代理店販売組織を作り上げ、ファクシミリの全米のトップシェアを築くことに成功しました。

また45歳の時に独立し、中国上海工場から電卓の輸入販売を展開してダイエーやジャスコ（現在はイオン）やイトーヨーカドーという、大型量販店を活用し電卓事業に成功しました。

ただ最大の敵であった急激な円安の波が78円／$から130円／$へと押し寄せ上海工場の原価も下がらないことから採算性が取り難くなり、その上工場は発注ロットを500台から10000台に引き上げることになり13年間続けていた電卓事業を譲渡することを決断しましたが、その時も「八つのチカラ」による思考習慣があったからこそと思いますが、自らを自らの生きがいに向かわせ自らを新たな方向へ突き動かすチカラを手繰り寄せて目標と計画を定め次の人生の特許コンサルタント業へステップさせることが出来ました。

このような人生の転換期には自らが自然体になる必要があり、自分の心を「空」にし28歳の時に出会った般若心経を唱え、「空」の世界を得て「八つのチカラ」を意識し考えて自分の最適な次の人生へのステップを考え抜き新たな進路を進めることが出来ました。

　また心の修行という面からも趣味の世界を学ぶ必要性を感じ、文筆活動、ストレッチ、5000歩歩行などを45歳の時から始めましたし、50歳の時に油絵に出会うこととなり、自分の人生を100年と捉えての生き方を考え出し自分の肉体と精神的な強さとを維持するために日頃の健康リテラシーという体操、ストレッチ、スクワット、マッサージ、歩行運動を織り交ぜたものを実践して今日に至っています。

「八つのチカラ」による人生の道標「生きる力の方程式」の世界観を自分の心の拠り所として「空」の心境を得て、課題に対して深刻にならず真剣に立ち向かう解決法を見つけ出し過ごしていますが、そのような場面では時間と忍耐が伴うもので自分を取り戻すことの出来る己の信仰心や趣味こそが何事にも代えがたい原動力になるものだとつくづく思っています。

　私は散歩しながら般若心経を唱えたり、ストレッチをする時にも数を唱えながら100パーセント自らを追い込み、当然のことですが油絵を描いている時も描くことだけに集中し脳の全てがその油絵に占められ、文筆活動についても文筆のテーマが100パーセント自分の脳を埋め尽くしてしまい、自分の脳を駆使することによって何事もご破算で願いましてはという状況にしていますが、長い年月を費やしこのような己をリセットするような発想に向かわせる心の体操や趣味を持つことは、生きていく上で大きなチカラとなるものだと思っています。

## 4　食を楽しむ

25年以上前のことですが、妻がジャズダンスの練習中に右手を骨折してしまい、このようなことは結婚して初めてのことでしたが自分勝手の方法で約2ケ月間肉野菜カレーライスや親子丼やカツ丼を作らせていただきましたが、驚いたことに家族はその私の手料理にお世辞であったにしろ絶賛して食べてくれました。

妻が不自由となったことから、洗濯機の操作や衣類の干し方や、掃除機による掃除の仕方などを把握することとなったのですが、納得いくまでにはかなりの時間がかかり悪戦苦闘してしまいました。

ただサラリーマン時代やベンチャー企業時代では、１００％が仕事中心であったことから、このように家庭の支援をするというようなことは全くなかったのですが、自営業という比較的に時間の余裕のある第三ラウンドの生活になってからは、何とか見様見真似で自分なりに家事を手助け出来るようになり、妻の状況に応じてほんの少しではあったにしろ多少の家事の支援ができたようで、家族の一員でありながら家事を何もしないでいた自分が少し恥ずかしかったことと、家庭のちょっとしたことの一助を引き受けてやるということに早く気づかなかった今までの生活に少し悔しい思いをしました。

その後何事も妻に寄り添ってやるという生活をする必要性を感じ、少しでも妻の負担のないようにと毎日朝６時に起床し、朝食の８時前までに自分の仕事として居間の掃除と風呂場とトイレの掃除をすることを決め、そのプロセスを習慣とするようになりました。

我が家はその頃まではライフスタイルの特徴として外食癖があり、昼食は車で５分位の処にあるロイヤルホストで妻と両親と私とでよく行っていましたが、リコー時代に久保長さん（元リコー会長）と学友であったロイヤルホストの江頭会長さんとご一緒させていただいて食事をしたことから親近感を持つようになりましたが、ロイヤルホストのお店は中年より上の年齢層の家族が集まるレストランのようで、我が家の味にも合っていることからエスニック料理とイタリアン料理といろいろとお料理の工夫がされ、年に何回か特別メニューも組まれたりしてレストランのレイアウトも落ち着いていて、コロナの中でも座席数を減らしたり空間や消毒液という配慮もあり、店員さんのマナーや雰囲気も良く店長さんやウエイトレスさんとも顔見知りとなり、親近感のある身近な外食の場となっています。

夕食となると10分位ドライブして行動半径が少し広くなるのですが、イタリアンレストランのアンナプチがありイタリアンワインのハーフボトルで始まりシーザースサラダ、ズワイガニのスープ入りの石焼リゾットがお気に入りで、手作りのシャーベットで締めることとなっていましたがコロナ後に閉店になってしまい、今は地下鉄で二つ目の上板橋のタカセのステーキ弁当や手作りのホワイトソースによるグラタンを楽しみながら月1回は必ず行っています。

また帝国ホテルのカフェテラスも雰囲気は上々で今でも日比谷ミッドタウンでの映画鑑賞の後にはよく妻と行っていますが、グラスワインは赤でも白でも上質で私はハンバーグステーキや特製カレーライスが最高の味と思っていますが、長い年月にわたると料理長も変わっているようでハンバーグステーキのジューシーな味が微妙に違うことがあります。

お魚のレストラン・レッドロブスターは米国駐在時にフロリダへ家族旅行をした時に初めて行ったレストランなのですが、それ以来NJでもレッドロブスターのお店を探してよく行っていましたが東京の練馬にもそのお店があり、その頃のディズニーワールドやキーウエストの思い出を語りながら赤のグラスワイン、シュリンプカクテルから始まり、レッドロブスターのコキール、それに加えてサーロインステーキをオーダーするのですが、アメリカでの生活の思い出話をしながらのディナーはなんとも言えない最高のディナーとなります。

油絵を始めて35年以上が経とうとしていますが、ビジネススクールの先輩高羅さんにご紹介していただき神保町の文房堂の油絵教室の美術学生となりましたが、神保町は私の出身明治大学の近くで、その頃は貧乏学生であったことからじっくりと神保町の街を楽しむことも無かったのですが、学校の近くにいろいろな和菓子屋さんや本屋さんや喫茶やレストランがある町であったとは知らず驚きました。

毎週木曜日は一日中が油絵尽くしとなり、朝10時半から午後4時半ごろまでこの神保町の街で過ごし帰りがけにはドイツレストランのランチスペシャルを食べながら、高羅さん、服部さん、木下さん、亀石さん、宮城さん、橋本さん、浅川さんと1週間の出来事を語り合いながら昼食をとっていたのですが、このお店が今工事中の三省堂ビルの地下にあったために閉店になってしまいました。

以前は高羅さんと2人して中華料理三幸園で豆腐サラダ、おこげご飯で食事をしていましたが、今は文房堂の油絵教室の下の階に軽食喫茶が出来たことから高羅さん夫妻と服部さん夫妻と私たち夫婦とでサンドイッチやチーズバーガーとコーヒーやカモミールの紅茶で楽しい時間を過ごしていますが、兎にも角にも木曜日は私にとって語り合える楽しい油絵仲間との一日となっています。

食の一番の味となると妻の手料理でして、妻が作るロールキャベツ、ビーフシチュー、パエリア、五目寿司は超一流品だと思っていますし、その料理のスピードは信じられないほどに速く手際が良く外食好きの我が家の味めぐりはあるにしろ、妻の味が一番でその料理の手際の良さには感心しています。

## 5　温泉を楽しむ

第二ラウンドの人生に踏み出し独立し経営者となった当初の頃でしたが、新幹線で大阪から東京に向かう途中でしたが、隣の座席に立派な社長さん風の方が座られていて急に私に話しかけてこられたのです。

「独立されたらいろいろと大変なこともあるでしょうから、休日には奥さんとドライブでもして外食をなさって、たまには温泉でも行って家庭のことや子供のことやいろいろなことを話し合うような習慣をつけるといいですよ」とアドバイスをして下さったのです。

そのことは一見し私が事業家となったばかりなのだと思われてのことなのでしょうが、「八つのチカラ」の中の時間のチカラを少しでも工夫して、一緒に戦っている連れ合いであり同志である妻昌子に外食や温泉にお連れしなさいよ、と言うありがたい励ましの言葉であったのです。

私はそれ以来時間を見つけてはいろいろと外食へ連れ出したり、妻昌子とより一層いろいろなことを話すようにもなったのですが、中華料理はお料理については当然素晴らしいものですし、中華料理のテーブルが円卓になっていることからも話をするにも和やかな雰囲気を醸し出してくれますし、何品かの料理を頼むと必ず小皿が出てきてその小皿に料理を取りながら料理の素材や味などを話すことができていろいろな話題へと繋がって行き会話も弾むようになります。

懐石料理も季節ごとに変化があり季節ごとの旬な料理が次から次へと仲居さんによって運ばれてきて、この絶妙な一品一品の季節感を醸し出してくれ味覚と懐石料理の空間的なおもてなしによってより楽しさのある会話を生み出す絶妙な奥の深い雰囲気のある料理だと思っています。

それと懐石料理と家族風呂のある温泉は家族との休息の場としては何物にも代え難いベストな癒しの場だと思っていますが、いろいろな温泉に行ってはみたのですが温泉は１００点でも料理がいま一つとか、仲居さんのマナーがいま一つとかでなかなかいい温泉が見つからなかったのですが、やっとすべてに於いて90点以上のところを見つけたのでご紹介しますが、熱海駅で降りてタクシーで5分の伊豆山の「ニューさがみや」さんですが、そこはリコーのＯＢで大塚商会創業者の先輩大塚さんが経営している温泉宿で新鮮なお魚料理と朝日を浴びながらの露天風呂は最高で、1年に二度くらいで行きますがその度来て良かったなと思え心が洗われる癒しの場になっていますが、人生を振り返りながら妻昌子の労を癒すことのできる心の宿であり家族との癒しの旅を満喫できる極楽宿です。

特に新幹線を使わずに東海道線のアクティのグリーン車に乗って、東京駅の地下街にある駅弁屋さんで買い込んだ好みのお弁当を楽しく食べながら談笑をして熱海の伊豆山の温泉宿へと向かうのですが、ここで過ごす時間は夫婦一緒の人生の中の心を洗い流してしまうかのような、太平洋からの波を望みながら伊豆山を背にした海原を見渡す夢のような空間を与えていただける最高の癒しの桃源郷だと思っています。

# 6　家族旅行

米国、ニュージャージー州駐在の終盤には家族4人で近隣諸国へとよく旅をしましたが、米国東部からはヨーロッパやカナダや南米は意外と近いことから仕事の合間で休暇が取れそうになると、長男広喜が議長になって家族会議が始まり旅行の行先が決められて当時九歳の長男広喜が旅行のリーダーとなり、観光案内書や地図を買い込んでは観光地を調べ上げ、その上でワイワイガヤガヤと家族4人が一致団結して旅行計画が作られました。

カナダは近いことからドライブで何度も行きましたが、心休まる町ケベックの街並みやお城や目の覚めるような絵葉書から飛び出してくるようなスケールの大きい壮大な山々と静まりかえった深淵な湖のある安らぎのあるバンフの町や、今でも忘れられない美しい数々の花々に囲まれた街ヴィクトリアへの旅は数々の素晴らしい思い出があります。

ヨーロッパは、パリ、ハイデルベルク、ライン川沿いの街並みやロンドン、ローマ、チボリ、ポンペイ、ナポリと、素晴らしい忘れることのできない街々はきりがないほどの歴史と中世の風情を見ることができましたが、ベストワンは駐在5年目の最後の家族旅行のアカプルコ、メキシコシティ、ユカタン半島への旅でした。

妻昌子がエルビス・プレスリーの映画のシーンの舞台となったアカプルコに行くことを強く望んでいて、偶然でしたがそこの海岸沿いに伊達藩がスペインとの交易を計画しその使者として派遣された川内支倉氏の記念石碑を散歩中に偶然に発見し、その使節団のご苦労に家族一同が手を合わせて感謝を捧げましたが、小高い丘の急斜面に大洞窟があってその洞窟の中にあるレンガ造りのレストランでディナーを取りました。

その洞窟の横わきには大きな滝があって、その傍にダイビングスポットがあり海抜100メーターを超す滝壺に向かってダイバーが飛び降りるというショーを見るのですが、そのショーの合間に数々の料理が出され松明の明かりだけの闇の中でのダイビングショーを見ながら、家族の4人の顔が松明の光で照らし出された光景は今でも忘れられないものになっています。

メキシコシティではテオティワカン遺跡の太陽と月のピラミッドに登りましたが、長男広喜と私は頂上まで登り詰めて大声を出し喜び合いましたが、長女貴子と妻昌子は中間点まで登りそこで4人がそれぞれが手を振り合いながらみんなでこのメキシコのピラミッドの壮大さに圧倒され巨大なピラミッドの大きさに驚くばかりでしたが、皆で「来てよかったね」の言葉どおりのメキシコ文化の見事なまでの宇宙空間を堪能しました。

タクシーで大聖堂やメキシコ博物館の数々の財宝を見るという観光地巡りをしましたが、スペイン系メキシコ人で子供好きな背の高い運転手がそれはいい人でメキシコ料理のレストランも案内してくれましたし、今でも大切に保管しているものですがその運転手が大切にしていた珍しい鉱石をプレゼントしてくれました。

メキシコ空港からユカタン半島向けの飛行機は上下左右に揺れる荒っぽい飛行で大西洋側のユカタン半島へと飛び古代マヤ文明の地のあるチチェン・イッツアのピラミッドに登りましたが、そこの町で予約していた現地のホテルに向かう途中でしたがタクシーの運転手が「このホテルは既に倒産していますよ」

とカタコトの英語で話をしてくれたのですが、半信半疑で取り敢えずそのホテルまで行って欲しいと頼み、そのホテルに到着したところで子供たちをタクシーの中で待たせてうす暗いホテルの中に入って見ると本当に営業をしていない様子だったのです。

ただ私たちと同じように予約していた外国人達も困った様子でそこでウロウロしていましたが暗くなってからでは大変だと思い、運転手に「ここで一番近いホリデーインはありますか」と聞くとラッキーなことに知っているとのことから早速連れて行ってもらい、カウンターのボーイさんに聞いてみると予約でいっぱいとのことでしたが、そこで20ドルをそのボーイさんに握らせてホリデーインの宿泊の交渉がなんとか成立しました。

あの時は私たち家族4人が一瞬どうなることかと目がくらみそうになりましたが何とかなり本当によかったです。

翌日はホテルで観光ツアーを予約し出掛けましたが、観光バスの窓越しからは素朴な古びた街並みがあり道路はガタガタでバスからは道路沿いの貧しそうな家々の家の中が見えて、ハンモックの中で人が寝ているような生活振りでそれを見て子供たちはそれは緊張しっぱなしの様子でした。

ピラミッドに刻まれた不思議なほどの正確な暦を見て優れた高度な古代マヤ文明の神秘が覗けたように感じました。

それとピラミッドのすぐそばに暗い池があったのですが、そこはその頃の生活を守るために子供たちを毎年生贄に捧げていたとのことを案内人が説明していたことから私はゾーッとしてしまい、すぐその場から家族を連れ出したことを思い出します。

今思うと不用心な旅であったと思っていますが、家族を世界中に引っ張り回した旅をしていました。

このように子供たちの小学生の頃に家族4人で地図を頼りにしてヨーロッパ旅行を計画しましたが、大変お世話になったＨＥＲＴＺの社長さんが私たち家族の帰国を耳にされてＨＥＲＴＺの特別カードを用立てていただき、ヨーロッパのドライブ旅行をすることができましたが、レンタカーを使いパリ、ロンドン、ウィズバーデン、ハイデルベルク、ローマと自由気ままにドライブをして家族と一緒になって旅を楽しませていただきました。

ローマのコロシアムやローマ郊外のチボリにあるいろいろな滝のある庭園を楽しみましたが、その後ナポリを訪れた後に街の公共駐車場にうっかり車を置いて食事をしに行ったのですが、その日に限って旅行バッグを車の中に置いたままでレストランに出掛けてしまいましたが、そこでの美味しいスパゲッティを食べて４人で満足一杯になって駐車場に戻って見ると、車の中の荷物が無くなっていたのに気づいたのですがその時すぐにパトカーがやって来て私たちの荷物を取り戻してくれたので難なく旅が続けられましたが、その時の事情聴取にはかなりの時間がかかってしまいました。

今考えるとそのような危険なイタリアの南部にあるポンペイやナポリまでよくドライブで家族旅行が出来たものだと驚いていますが、今となるとこのような思い出がたくさん作れた家族旅行ができたものだと本当に感心していますし、あの時に無理してヨーロッパドライブ旅行が出来て良かったなと本当に思っています。

ＨＥＲＴＺのトムさんには感謝感謝ですし、あの頃は若かったから出来たことなんだなと今さらながら思っています。

## 7　スポーツを楽しむ

スポーツの楽しみ方は各自でいろいろとお持ちではと思いますが、私は小学生までは草野球、相撲、バレーボール、マラソンで、中学生ではバレーボール、高校になって柔道を3年間、社会人になってベンチプレスで体力作りをし、50歳を超えてストレッチやスクワットや歩行運動やマッサージを浴槽の中でやっています。

私の体力については高校の頃から習った柔道を続けていくことは高齢になった時への備えとしてで良いのではと思っていましたが、50歳を境に骨や血液や筋肉を柔軟に保つためにはストレッチやスクワットや歩行運動やマッサージが必須なのではと思うようになり歩行運動やストレッチや指圧を始めましたが、その姿を見ていた妻昌子が趣味として20代からジャズダンスをしていたことから効果の出るような特別指導をしてくれるようになり今ではスクワットも加わって、朝昼晩の少しの時間を見つけて既に30年間以上続けることが出来ました。

健康診断を毎年受けていますが2ケ月ごとに定期診療を行っていますが、毎日の体操リテラシーによってからなのでしょうか、より良い方向に体の維持改善がされているようで高齢に向かって体力の維持改善に役立っているのではと思っています。

さて私なりに体験したスポーツをオリンピックや競技大会やスポーツ番組で見たりするとかなり熱が入ったりしますが、私と関係した地域や高校や大学の選手がラグビー、サッカー、スケート、スキー、ボクシング、野球などに出ていると彼らをより応援したくなりますし、２０２３年のＷＢＣの準決勝と決勝戦の前日に大谷翔平選手から皆様からの応援が何よりの力になりますというメールが送られてきましたが、よくこのようなメールを送る余裕があるものだと思いました。

スポーツの中で一番自分を楽しませてくれるのがプロ野球で、子供の頃は紅梅キャラメルを買い付録についている野球選手のカードが欲しいがためにキャラメルの中身を捨てカードを集めていましたが、サイン付きの川上選手のカラー写真の当たりくじを引き当てた時には毎日のようにポストを調べたり、母に来ていなかったかと何回も問いただしていたことを思い出しますが、その到着した時の興奮たるや今でも覚えているくらいで、町内会のおじさんやクラスの友人や親戚の人たちに自慢をしていたことを思い出します。

自宅が目黒にあったことで、米国の大リーガー選手が何回か来日し目黒雅叙園に滞在したことで、仲間と連れ立って何時間も待って彼らからサインを貰った思い出がありますが、ジョー・ディマジオであったと記憶していますが、大きな体をした大リーガーの選手が優しくサインをしてくれてそれは夢のような心地になったことを思い出します。

小学校、中学校時代はラジオで野球の試合を聴いていましたが、後楽園の球場を見たことも無かったのですが、不思議なことですが、バックネットや1塁や2塁や3塁の位置や後楽園球場の全体のイメージが完全に自分の頭の中で把握されていたのには驚きでした。

川上選手や千葉選手がホームランを打った時のフェンス越えの様子が頭の中で想像ができていて、そのフェンスの上をボールが越えるところまでも見えていたように思えました。

初めて後楽園スタジアムに野球を見に行ったのは大学生になってからで、姉の玲子さんの会社の招待で後楽園での巨人戦を観戦しましたが、球場で実際に観戦してみるとそれは凄い迫力のあるものだなとより実感しました。

社会人になって3年目の時に、急に3ケ月半の間1人で米国に行って事務機市場調査をしてきましたが、全米18都市を回り米国の文化と市場の勉強をしたことがありましたが、その中で一番印象に残ったのがセントルイスでの野球観戦でした。

何しろ明るく天真爛漫に観戦している米国人たちが色鮮やかなTシャツの姿で、ポップコーンの入った大きなバスケットを手にしてコークを飲みながら楽しそうに観戦していましたが、パイプオルガンのリズムに合わせて応援歌を歌い大声で声援を送っている姿にはこれぞアメリカというエネルギーを感じました。

今でも長いお付き合いをさせていただいているコナミの上月さんが社長の頃でしたが、東京ドームの巨人戦に年3回ほど家族全員をロイヤルボックスに招待してくれてホテル並みの食事と飲み物のおもてなしをしていただき、妻の母まで大の巨人ファンになってしまい、それ以来我が家は全員が喜んで巨人戦を見るようになり、それに加えて父が1人でテレビを見ている時に巨人戦を見ていたのには本当に驚きました。

野球のことをいろいろ書いてきましたが、スポーツを楽しむということは、いろいろなスポーツ選手の生い立ちや選手になるまでの苦労話や家族との係わりとかまでが見えて、そのようなことよりその選手がより大好きになり大ファンになってしまうこともあり、スポーツの面白さを倍増させてくれます。

特に大リーグや欧州のサッカーが毎日放送され見られるようになり、毎日のスポーツニュースではあらゆるスポーツ選手の活躍振りが手に取るように分かり、より一層野球や相撲やサッカーやラグビーやボクシングといういろいろなスポーツを楽しむ機会が増えてきたように思っています。

マッキンゼーのＭＢＩビジネススクールの同期の斉藤惇さんがプロ野球機構コミッショナーに二期就任されましたが、コロナの中にあってプロ野球を何とか維持運営された貢献度は称賛に値するものだと思っています。

斉藤惇さん、ありがとうございます。

## 8　若い内に遣るべきこと

私の人生は、先輩、友人、家族の力をお借りして、「八つのチカラ」のお金、時間、仲間、場所、物、体力、知力、欲望というチカラを人生の中で意識し考えて、自分の人生の道標「生きる力の方程式」という物語を描き出し、学び、努力を重ね行動しこれまで生き抜いてきましたが、人生を振り返ってみると人生の流れの中で逐次生きる上で常に選択を下しながら自分なりに「八つのチカラ」を最適に活かし切って、常に生きがいを持って生き抜いています。

その間に新たな状況や環境に対峙しながら三つの異なった仕事を歩むことを選択してきましたが、その都度「八つのチカラ」を捉えその時にはゼロベースで考えて苦心惨憺の末に結論を下し、次の人生の目標を具現化してより前へと切り開いて行きました。

ただそこでの状況は前よりも増して苦労や難儀が伴う状況ではありましたが、くよくよせずに深刻にならずに真剣に取り組み目標を設定し努力を重ねてすべてに打ち勝ちその時点で自分の「八つのチカラ」を意識し考え、それぞれのチカラを捉え学び育て努力を重ね行動し、自分の人生の物語を描き上げその目標に向かって生き抜いてきました。

その時点で全力を振るいチャレンジし学び努力を重ね難儀にもめげることなく勇敢に戦い抜き、自分に言い聞かせながら頑張ってきました。

是非あなたも「八つのチカラ」によるあなた独自の「生きる力の方程式」を作り上げ、ゼロベースから立ち上がっていただき、その転換期にもっと学ぶ必要性があれば大学院やＭＢＡで学び、その上で第二ラウンドとしての自分の生きがいのある仕事へチャレンジされ、自分の天明の仕事の場で自分の本来のスキルや能力を発揮し活躍され、１００年人生を乗り切る資金獲得の時期として位置づけて老後の備えに必要なお金を稼ぎ出すことです。

第三ラウンドの人生は、１００年人生での人生の心得となる趣味や極めたい分野の世界を求めて学び愉しむという究極の生きがいを求める期間として位置付けられて、大いに人生を楽しみながら力強く生き抜かれることを望みます。

このように自分の一生に於いて、「八つのチカラ」を常に意識し考えて生きがいを求め満足度を求めチャレンジしていくことは、唯一無二の1回限りの人生を極めることへと繋がるのです。

私たちはそれぞれの人たちがそれぞれの環境の中での生き方が異なっていますが、あなたの現時点での「八つのチカラ」を徹底して意識し考えた上で、新たな生きがいや満足度を求めていただくことは大切なことだと思いますし、時代や環境が変わる今日に至っては人生での仕事を三つに分けて、第一、第二、第三ラウンドの人生を考えられ、それまでに培ったお金、時間、場所、物、体力、知恵、仲間、欲望を具体的に把握されてより豊かに育て上げ、自分の道標を常に前へ前へと押し進め新たな「生きる力の方程式」を描き出し不足している分野があれば補充され、深く学びたい領域があるのであれば大学院や専門学校で学びリスキリングし、自己革新を図り次のラウンドに挑戦されるべきだと思っています。

私は、45歳で独立しましたが、41歳の時にマッキンゼーで経営戦略論を学んだ上で、そのままサラリーマンで押し通して働いていく人生と独立経営者として転進する人生とを比べてシミュレーションをしその上で決断しましたが、その時に自分の価値観や満足度を考慮して次の自分の夢や自分の人生ストーリーを創造し人生の選択を決断しました。

その時に、1観察する、2変化をする、3分析する、4関連づけて考える、5自分をデザインする、6物語として纏める、という「第六感の思考プロセス」を活用し、自分の立ち位置や自分の領域をはっきりと考えて世の中が変化していることを摑みとり熟慮を重ねて最終的な決断を下しました。

ただ新たなラウンドに舵を取ろうとした時に、重要な観点となる生活や仕事の方向を漠とした暗黙知のままにせずにより見える化をはかり、これからの自分の生きがいの物語を創り上げるために「八つのチカラ」であるお金、時間、場所、物、体力、知恵、仲間、欲望のそれぞれのチカラがより強くより豊かになるように考えて、自分の人生をより確かに強くするのだという目標を掲げ益々幸福な人生が描き出せるのだと信じ、志を新たに奮闘できる人生を描き出すという強い確信を持つことだと思っています。

あなたの人生に今後何が起こるか分かりませんが、常に自らの「八つのチカラ」による「生きる力の方程式」を考え出し目標を定めることが大切で、もし課題や問題があれば即解決をしてしまい、何事にも打ち勝つという信念を持って「八つのチカラ」の活用を考え、学び育てより鮮明に目標を描き出し努力を重ねることこそが、人生の幸福を獲得する道標になるものだと思っています。

# あとがき

私は第二次世界大戦中に生まれ、終戦後の廃墟と化した目黒や五反田の瓦礫の中を歩き回りながら人々の動きや街の変化を見て、次々と家が建ち並び、薪で走るバスやトラックが走り、たまに国産ヒルマンの乗用車を見て世の中が進みだしていると自分のことのように喜びました。

泥んこの道がアスファルトに舗装されガス管が敷かれ自宅でガスが使えるようになり、駅近くに高層ビルが建つようになり日本の復興が本格的に進んでいる様子を見て心が燃えるのを感じていたのです。

今ロシアの侵攻によってウクライナの国民の家々や高層マンションや病院が瓦礫と化しているのを見ていると全く同じ終戦後の様子を見ているようで、我家の生活状況は母が涙をためながら長男と蒸かしいもを露店で売っている姿を見て、父は弁膜症でぶらぶらして一日を過ごし、兄妹４人は中学を出て就職し働いていて、そのようなことで子供ながらに貧しさを実感し、自分なりの遺るべきことは何かを考え貧しい生活の行先を見守りながら「何とかなる」と自分に言い聞かせていました。

　私はその時幸いにも何事も深刻に思わずに生きることや生活することに真剣に立ち向かうことにしていて、自分を意識し考えどうすればよい方向に行くのだろうか、どの様にしたら貧しさから抜け出せるのだろうかとか、耐えながらも我慢し家事を助け努力することしかないのではと思っていましたが、何事でも少しずつでも良くなっていくことに喜びを感じていました。

　日本は２０００年頃より高齢者介護制度や児童保育制度や皆健康保険制度や、２０２０年頃からの小学校給食無償化や高校学費無償化や出産費用の補助という一連の福祉制度の充実が進みつつありますが、日本は歴史的に美を尊び人に優しく平和に過ごす文化がありますが、他の地からの侵略があり戦国時代が到来し封建制度が定着し富める者と貧しき者の上下社会が作られましたが、その歴史的な構造が今も残り、明治政府が誕生し第二次世界大戦が勃発して終戦を迎え近代国家が築かれても貧しき者と富める者の格差や年功序列の社会が存在し、本来の民主主義社会はまだ半ばであって格差の異物が混然として存続しているように思います。

ＳＤＧｓを目指す世界観が国連をはじめ各国で叫ばれている中でコロナが登場し、ウクライナ戦争が勃発し世界の方向が混沌としているのが現状ですが、そのような中で私たちが変えていかなくてはいけないことは自らが強く生き生きとした人生を歩むことが、日本を良くし世界を平和な世界にすることに成るのではと思います。

その為には私たちが生まれ持つお金、時間、仲間、場所、物、体力、知力、欲望の「八つのチカラ」をどの様なカタチで持っているのかを捉え、自分の「八つのチカラ」をどのように育てていけばよいのかを考え、自分の最適な生きがいや満足度を求め、目標を定め努力を重ね行動することです。

早い内に誰しもが持っている「八つのチカラ」を意識し考え目標を掲げ、自分の人生に真剣に取り組み努力し行動し各々の人生への取り組みが強くなることで日本全体の経済、技術、政治がより豊かなものとなっていくのではと思います。

１００年人生の時代を迎えて、働ける若い時期に、体力や知力やお金の貯えや備えが出来るように、運動や学習や稼ぐ力のリテラシーを持つことが重要になっていることや、コロナや経済不況やウクライナ侵攻のような世界の急変があったとしても、若い時期にそれなりの貯えや体力や知力の備えが出来ていれば、自分なりの対応ができ生きがいや満足度を享受できると思います。

若い段階で老後のために「八つのチカラ」を活用し、それなりのお金や体力や知力への備えが出来ているならば、高齢者生活をあるレベルでの生活が維持できて、どの様に世の中の変化があろうともそのダメージを緩和することができ、それなりの余裕の持てる生活が叶えられるのではと思うのです。

新型コロナやウクライナ侵攻に出会ったことによって、今までにない異質な空間を意識する生活を送ることとなり、誰しもが巣籠もり的生活と石油や穀物や肥料の高騰で今までに味わったことのない値上がりの生活や仕事に当惑してしまいましたが、私はこのような状況にあっても深刻にならず真剣に人生に取り組み、この「八つのチカラ」を意識し考え自分の生きがいや満足度を求めて生きていく「生きる力の方程式」を描き出し努力に努力を重ね、「八つのチカラ」の思考習慣を続けていくことが人生の勝利者となる道に通じると信じています。

コロナやウクライナ侵攻のような考えもしないようなことに幾度となく直面しようとも、私たちはこの世に誕生したことを喜び、お金、物、時間、力、人、場所、知恵、欲望という「八つのチカラ」を思い浮かべ、それらをどのように生かし自分の生きがいや満足度に結び付けて生きていくことを考え、新たな生きがいのある生き方を見出し考え行動するという作業に取り組むことが何としても必要になってきています。

先ず自分に問いかけこれからどのような領域でどのように生きていくことが良いのか、可能な限りの自分の将来像を「八つのチカラ」を組み立てて描き出し、目標を定めてやるべきことをすべて掲げ、自分の生きがいのある生活を思い浮かべ、「八つのチカラ」による「生きる力の方程式」を作成して生き方や考え方の目標を描き出し努力を重ねることが大切なのです。

「八つのチカラ」を活用した自分の出来る限りの新しい生き方や考え方で生きていかなければ、このように急変する世界は何度も登場するわけですので、それらが起ころうとも「八つのチカラ」の思考習慣によって自分の生きがいや満足度を求めていく、どの様な目標や生き方をしていけば良いのかというあなたならではの「生きる力の方程式」を持つことを願っています。

「八つのチカラ」による自分の生きがいのある生活や仕事を求め、満足度を求めることが出来る「生きる力の方程式」の目標を設定し、自らの生活や仕事をどのようにしてこの「八つのチカラ」を活性化すべきかを明らかにし、具体的に実行する内容や目標を纏めてみることとそのことを目標や計画にして学習し努力することと実行し続けていくことです。

## 著者プロフィール

# 川内 清隆（かわうち きよたか）

1943年東京生まれ、1968年明治大学経営学部経営学科卒、同年株式会社リコー入社

1976年　米国ニュージャージー州ラピファクス社 エグゼクティブディレクター（米国駐在５年）
1988年　マッキンゼー「MBIビジネススクール」修了
1990年　株式会社オーロラ代表取締役
2006年　発明協会「特許流通講座・実務研修」修了　特許コンサルタント称号取得
2013年　株式会社オフィスラピカ会長

著書　『新たなチャレンジ　生きる力の方程式』（2005年）
　　　『マルナゲ　企業特許の真実』文芸社刊（2007年）
　　　『自分脳で勝つ　生きる力の方程式』文芸社刊（2009年）
　　　『見えない世界—消えた特許』上下巻　文芸社刊（2012年）
　　　『昭和の贈り物』文芸社刊（2015年）

趣味の油絵
　1998年より国画会 貴堂静栄先生に師事
　2006年より白日会 松本次郎先生に師事
　2010年「ビーズと油絵の仲間達」に出展（日本橋ギャラリー白百合）
　2012年より毎年４月、油絵個展を開催（十条カフェスペース101ギャラリー）
　2024年4月、「ビーズと絵画展」を開催予定（神田神保町文房堂4F文房堂ギャラリー）

# 人生に挑戦　人生を自分のものに

生きる力の方程式

2023年12月15日　初版第1刷発行

著　者　川内 清隆

発行者　瓜谷 綱延

発行所　株式会社文芸社

〒160-0022　東京都新宿区新宿1－10－1

電話　03-5369-3060（代表）

03-5369-2299（販売）

印　刷　株式会社文芸社

製本所　株式会社MOTOMURA





ISBN978-4-286-24820-2